SCHOEN en
ARZEN
van
ZANTEN

AMSTERDAM
EEN EEUW GELEDEN

PETER SCHERPENISSE

AMSTERDAM
EEN EEUW GELEDEN

TERRA

Voorwoord

Mijn grootvader, de Amsterdamse stadsfotograaf Johannes Leendert Scherpenisse, heeft tussen 1905 en 1913 Amsterdam intensief gefotografeerd.
In 2003 nam ik het initiatief om deze prachtige foto's te digitaliseren en te voorzien van beschrijvingen. Behalve door het beeldmateriaal, waardoor je je al kijkende een eeuw terug in de tijd waant, trof ik ook tijdens het beschrijven van de foto's een dynamische stad aan. Het is een vreemde gewaarwording om een stad te zien die ik al van kinds af aan ken, maar die een eeuw geleden toch heel anders functioneerde. Een tijdsbeeld ontvouwt zich, dat zo anders is dan de huidige tijd en dat zich toch nog niet zo heel lang geleden heeft afgespeeld.
Een veranderlijke stad met, voor mij, bekende en onbekende gebouwen. Een heel andere economie, vreemde voertuigen die de stad doorkruisen en verdwenen beroepen worden op de beelden getoond. De communicatie was heel anders dan tegenwoordig en de sociale omstandigheden waren zo anders dat het bijna niet voor te stellen is dat dit slechts een eeuw terug in de tijd is. Vrije tijd en cultuur, het koningshuis, alles was anders en toch is de stad zo herkenbaar.

In *Amsterdam een eeuw geleden* heb ik deze stad zodanig beschreven dat er voor de lezer een tijdsbeeld ontstaat van het Amsterdam aan het begin van de twintigste eeuw. De lezer krijgt genoeg ruimte voor het vormen van een eigen beeld.

Peter Scherpenisse

Inhoud

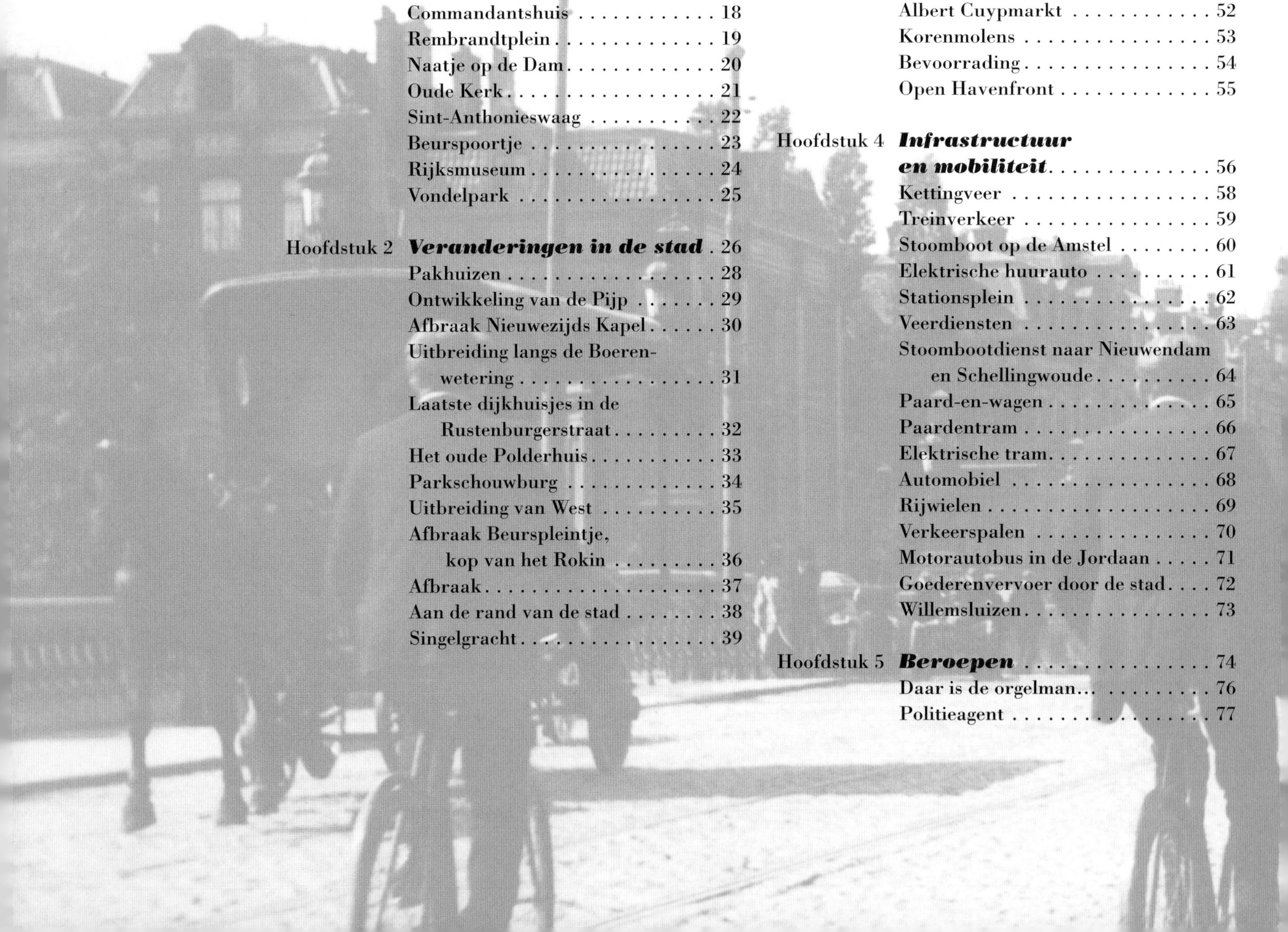

Hoofdstuk 1

Beroemde plekken

In de loop van de eeuwen is er in Amsterdam veel veranderd. Toch is er vandaag de dag nog het een en ander overgebleven van de oude stad, zoals bijvoorbeeld de Oude Kerk. Deze kerk heeft inmiddels een geschiedenis van ruim zevenhonderd jaar. Ook overblijfselen van de middeleeuwse vestingmuur, zoals de Waag op de Nieuwmarkt en de Schreierstoren, staan nog net zoals een eeuw geleden fier overeind.

Een eeuw geleden waren er ook nog veel gebouwen uit vroegere periodes bewaard gebleven, maar een aantal is inmiddels afgebroken en in de vergetelheid geraakt. Zo stond het Commandantshuis prominent op de Dam. Het gebouw is echter samen met zijn directe omgeving in 1912 gesloopt.

Nederland was rond 1900 enorm aan het veranderen en dit had ook zijn invloed op de stad Amsterdam. Nieuwe inzichten en initiatieven gaven de stad wederom vorm. Onder andere het Vondelpark en het Rijksmuseum hebben de stad nieuwe allure gegeven. Plekken die wij heden ten dage als beroemd beschouwen en als onderdeel van de Amsterdamse stadsgeschiedenis zien.

DINERS
ISKANER BRAU

Schreierstoren

Op de hoek van de Geldersekade en de Prins Hendrikkade staat de Schreierstoren. Langs de rechterkant van de toren zie je de contouren van het Centraal Station. Oorspronkelijk kwam het water van het IJ tot aan deze robuuste toren en sloegen de golven tegen zijn stenen fundament. Je kon er toen nog niet langslopen, zoals op deze foto zichtbaar is. Een eeuw geleden deed het verhaal de ronde dat de toren zijn naam dankt aan de schreiende dames die hun geliefden per schip zagen vertrekken naar verre oorden. Tegenwoordig wordt echter aangenomen dat de toren zijn naam te danken heeft aan de 'schreye' (scherpe) hoek waarin de toren is gebouwd.

Schreierstoren op de hoek van de Geldersekade en de Prins Hendrikkade, 27 maart 1907

Zicht over de Dam, 29 mei 1907

Dam en het Damrak

De Dam is het bekendste stukje van Amsterdam, maar op deze afbeelding zul je het niet zo snel herkennen. Dat komt omdat de afgebeelde huizen inmiddels zijn afgebroken en vervangen door andere bebouwing. De Beurs van Zocher die hier aan de linkerkant heeft gestaan was ten tijde van deze foto al afgebroken en dit zorgde ervoor dat er extreem veel licht over de Dam scheen. Later is daar de Bijenkorf gebouwd. De mensen die op deze foto zo rustig over de Dam lopen zullen zich nauwelijks bewust zijn geweest van de oude uitlaadplaats die hier in vroegere tijden is geweest. Ooit voerden volle schepen met hun kostbare waar het (dam)rak in, tot aan de inmiddels overwelfde oude dam.

Munttoren

In 1672 was het door de aanwezigheid van de Franse troepen, waar de republiek mee in oorlog was, niet mogelijk om zilver en goud naar de muntplaatsen Dordrecht en Enkhuizen te transporteren. Hierdoor kreeg Amsterdam tijdelijk het recht om munten te slaan. Dat gebeurde in het wachthuis dat aan de toren is gebouwd. Deze toren is een herbouwd restant van één van de drie hoofdpoorten van de middeleeuwse vesting: de Regulierspoort. Oorspronkelijk bestond deze uit twee torens met daartussen een doorgang.
De achtkantige bovenbouw op de Munttoren met het uurwerk en bijbehorende carillon is er in een later stadium opgebouwd. Het wachthuis naast de toren is in de negentiende eeuw afgebroken en vervangen door het gebouw dat er nu staat.
Links op de foto zie je langs de huizen een zogenaamd pothuis, een stenen uitbouwsel waar vroeger in werd gekookt en potten werden bewaard.

Munttoren, hoek Singel/Geelvinksteeg, 30 september 1910

Gedenkteken van G.F. Westerman op het terrein van Artis, 16 september 1907

Natura Artis Magistra

De boekhandelaar G.F. Westerman, van wie je hier het gedenkteken in Artis ziet, was de initiatiefnemer van het zoölogische genootschap dat Natura Artis Magistra werd genoemd. In eerste instantie was Artis enkel toegankelijk voor de elite, maar rond 1900 was Artis voor iedereen toegankelijk. Een bezoek aan Artis werd al snel een echt uitje voor ieder die dat kon betalen. Om deze reden zorgden de meeste bezoekers er wel voor dat zij op chique wijze gekleed gingen. Voor de gewone Amsterdammers was de term Natura Artis Magistra veel te lang en ingewikkeld en al gauw werd in de volksmond enkel over Artis gesproken.

Amstelkerk

Op het Amstelveld staat de als houten noodkerk gebouwde Amstelkerk. Het gebouw zorgt voor een verrassende afwisseling tussen de omliggende grachten met stenen panden.
Ooit waren er plannen om het gehele Amstelveld te gebruiken voor een grote stenen kerk, ter vervanging van deze 'houten predikschuur'. Van de bouw van de stenen kerk is nooit iets terechtgekomen, de houten Amstelkerk staat er nu nog steeds. Gelukkig maar voor de marktlieden die het ruime Amstelveld ontdekten als marktplaats. De markt werd erg populair en de handel tierde er welig.

Amstelkerk op het Amstelveld, ca. 1910

Magere Brug over de Amstel, gezien richting de Nieuwe Kerkstraat, 28 februari 1906

Magere Brug

Verzonnen of niet, het verhaal van de steenrijke gezusters Mager, op wier verzoek de eerste Magere Brug zou zijn gebouwd, blijft aardig om te vertellen. De zusters Mager zouden in de zeventiende eeuw elk aan een andere zijde van de Amstel hebben gewoond. Door de bouw van deze loopbrug zouden de zusters niet meer om hoeven lopen om bij elkaar op bezoek te gaan. Uit de archiefstukken blijkt echter uit niets dat dit verhaal op enige waarheid berust. Volgens anderen zou de oorspronkelijke brug uit 1670 zo smal zijn geweest, dat je mager van postuur moest zijn om elkaar op de brug te kunnen passeren. Een probleem waar nu geen sprake meer van is, de mensen hebben alle ruimte.

Koninklijk Paleis

Vanuit de altijd drukke Raadhuisstraat, waar de houten wielen van de handkarren en paardenwagens over de keien ratelden, zie je de achterzijde van het Koninklijk Paleis. Op het dak van het paleis staat een beeld van de god Atlas, die de wereldbol als last op zijn brede schouders draagt.
De Oranjes kregen eind 1813 de beschikking over het paleis. Zo hoopte het stadsbestuur dat Amsterdam nationaal meer macht zou krijgen. Dit pakte echter heel anders uit. Het gebouw werd slechts bij officiële gelegenheden gebruikt, de Oranjes bezochten het paleis sporadisch.

Achterzijde Koninklijk Paleis, gezien vanuit de Raadhuisstraat, 12 juli 1907

Raadhuisstraat, gezien richting de Westerkerk, 12 juni 1908

Raadhuisstraat

De Raadhuisstraat was een nieuw aangelegde straat tussen de Nieuwezijds Voorburgwal en de eerder gedempte Rozengracht, om de doorstroom van het verkeer naar de Nieuwezijds Voorburgwal beter te reguleren. Van deze straat werd gebruik gemaakt door de vele koetsen, handkarren en trams. Zoals je op de foto ziet had ook het leesmuseum deze straat in zijn route opgenomen.

Aan beide zijden van de straat staan woon- en winkelcomplexen. Links kijk je naar een fraaie winkelgalerij met bovenwoningen die gedecoreerd zijn met diverse beeldhouwwerken. Dit complex staat tussen de Herengracht en de Keizersgracht. Het is een fraai plaatje met de beroemde en veelbezongen Westerkerk op de achtergrond.

Commandantshuis

Het Commandantshuis was een eeuw geleden een bekend gebouw, dat prominent op de Dam stond op de plek waar nu het Nationaal Monument staat. Voor het gebouw was het meestal een drukte van jewelste. De Amsterdammers konden hier terecht voor hun paspoorten en voor de deur was een tramhalte.

Het Commandantshuis heeft door de jaren heen veel functies gehad, maar de oorspronkelijke functie is onbekend. Zelfs de regering van Lodewijk Napoleon heeft het gebouw enige tijd in gebruik gehad. Het gebouw kreeg de naam 'Commandantshuis' toen de stadscommandant het als woning betrok. Wegens bouwvalligheid is het gebouw uiteindelijk in 1912 gesloopt.

Commandantshuis op de Dam, 7 mei 1909

Rembrandtplein, gezien vanaf de hoek met de Halvemaansteeg, 26 juli 1907

Rembrandtplein

In de negentiende eeuw werden er deftige gebouwen op de oude Botermarkt gebouwd. Hierdoor ontstond er een heel chique plein en de naam ervan werd veranderd in Rembrandtplein. De rijkere Amsterdammer flaneerde er graag, zoals deze dame met haar mooie parasol. Ook artiesten, kunstenaars en journalisten ontmoetten elkaar op de vele terrassen waar ze samen een biertje dronken.

De naam van het plein verwijst naar de beroemdste kunstenaar die Nederland ooit rijk was. Het beeld van Rembrandt dat hier stond werd bijna verheerlijkt. Tijdens de herdenking van de driehonderdste geboortedag van Rembrandt in 1906 was het hier een enorme drukte.

Naatje op de Dam

Naatje Eendracht, het 'Monument ter herinnering aan den Volksgeest', was opgericht als symbool van de Nederlandse eendracht tijdens de tiendaagse veldtocht, die koning Willem I tegen de Belgische opstandelingen voerde. Hoewel de veldtocht een succes was moest Willem I onder Franse druk uiteindelijk toch toestaan dat België een soevereine staat werd. Na verloop van tijd raakte het Naatje door de weersomstandigheden in slechte staat, waardoor de stad zich begon te schamen voor dit monument. De rand van het fonteinbassin aan de voet van het monument deed dienst als hangplek voor werkeloze mannen. Wat zullen deze mannen geschrokken zijn toen op 2 mei 1907 de rechterarm van het beeld in dit fonteinbassin kapot viel. De arm werd niet vervangen. Als er hoog bezoek in de stad was werd het gehele monument bedekt met bloemen, zodat de slechte staat van het monument niet opviel.
Uiteindelijk is het Naatje in 1914 afgebroken.

Naatje op de Dam, 20 mei 1908

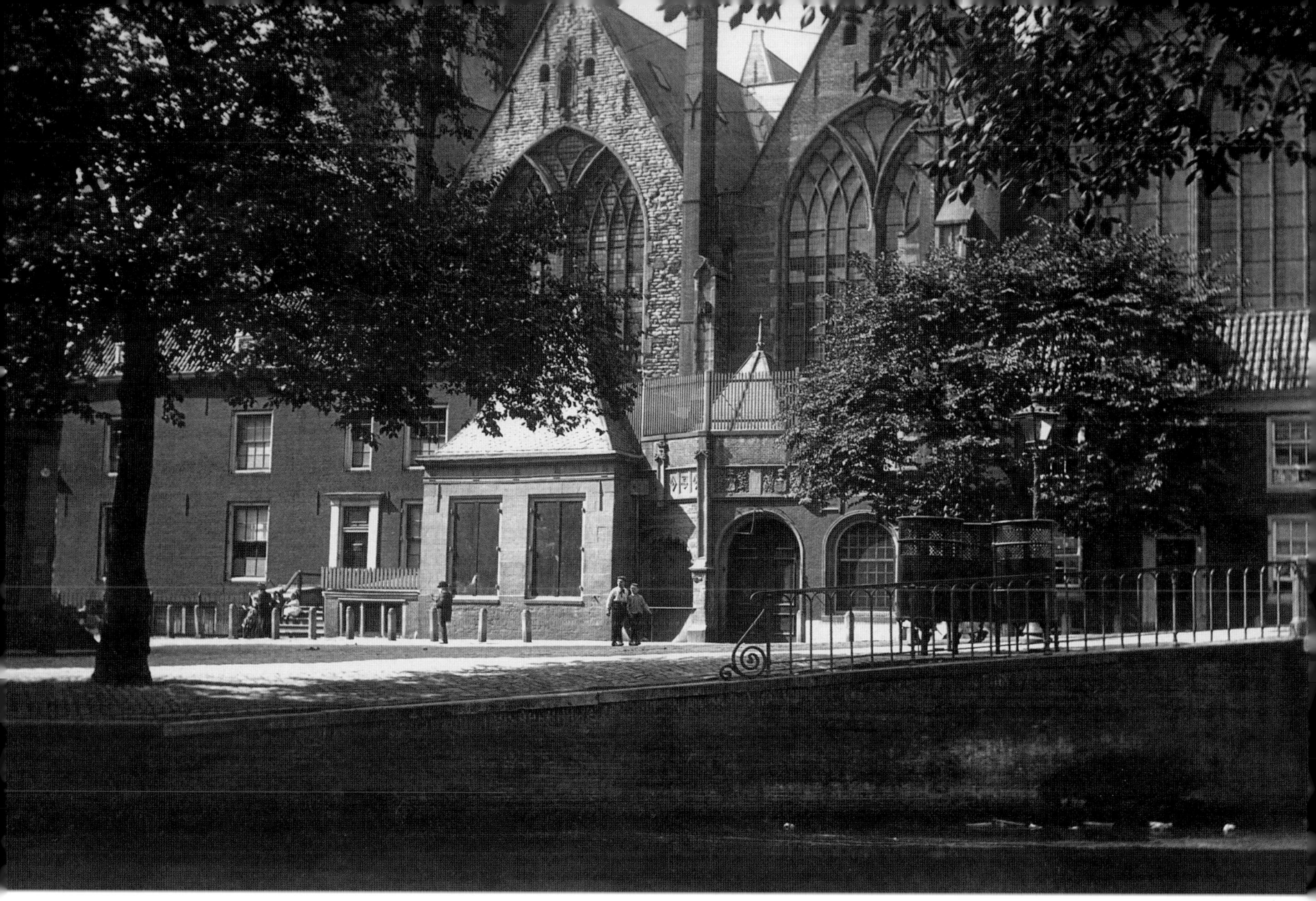

Oudekerksplein, gezien vanaf de Oudezijds Voorburgwal, 26 juli 1907

Oude Kerk

De Oude Kerk is meer dan zevenhonderd jaar oud en is het enige gebouw dat zo lang getuige is geweest van de ontwikkeling van de stad Amsterdam. Het Oudekerksplein voor de kerk is een ruim plein waar je aan de grachtkant een plaskrul ziet. Stenen paaltjes voor het gebouw dienen als afzetting van de stoep. In de loop der eeuwen is het gebouw nogal veranderd. Oorspronkelijk was de kerk gewijd aan Sint-Nicolaas, de beschermheilige van de zeelieden. Volgens de overlevering heeft deze heilige een storm op zee tot bedaren gebracht door middel van een stil gebed. Wellicht staat om deze reden dit gebouw nog overeind. Volgens anderen heeft de kerk dankzij deze beschermheilige de stadsbranden in Amsterdam in de vijftiende eeuw overleefd. Wie zal het zeggen?

Sint-Anthonieswaag

Oorspronkelijk was de Sint-Anthonieswaag gebouwd als een stadspoort die onderdeel uitmaakte van de stadsommuring. Keizer Maximiliaan van Oostenrijk had de bouw van deze muur aan de Amsterdammers opgelegd, zodat zij zich konden verdedigen tegen invallen van buitenaf. De stadspoort verloor in de zeventiende eeuw zijn functie doordat de ommuring van de stad werd uitgebreid. Toen werd het gebouw als waag in gebruik genomen. Ook maakten diverse gildes van het gebouw gebruik voor hun huisvesting. Op het moment dat de foto werd genomen werd het gebouw gebruikt als archiefgebouw van verschillende afdelingen van de gemeente. Bovendien kreeg het plein voor het gebouw een nieuwe functie als marktplaats.

Op de markt staan marktkarren waar onder andere fruit, vis en hout verkocht wordt aan de bewoners van de stad die hier hun inkopen doen.

Sint-Anthonieswaag op de Nieuwmarkt, 30 september 1908

Beurspoortje

Het beroemde Beurspoortje was voor voetgangers de favoriete doorgang vanaf het Beursplein naar de Dam, waarop ooit de Beurs van Hendrick de Keyser heeft gestaan. Het poortje stond ook bekend als 'het poortje naast de hoedenzaak van Froger'. Gezien vanaf de Dam had Froger namelijk de hoofdingang van zijn winkel aan de linkerzijde van de ingang van het poortje. Vanaf het Beurspleintje gezien, zag je de belettering van de zijkant van zijn zaak. Hierdoor viel de hoedenzaak extra op en is het niet zo vreemd dat het poortje deze bijnaam kreeg. De Amsterdamse paaltjes, die je hier in hun oorspronkelijke vorm ziet, zorgden ervoor dat er uitsluitend voetgangers door het poortje gingen.

Beurspoortje, gezien vanaf het Beurspleintje, 3 maart 1906

Rijksmuseum

Het Rijksmuseum was, met zijn poort waar de mensen onderdoor konden wandelen, een zeer gewaardeerde plek.
Op een mooie dag, als je vanuit de binnenstad naar het IJsclubterrein of het Concertgebouw ging, liep je desnoods even om om dit te ervaren.
Het museum heeft een monumentale uitstraling. Architect Cuypers heeft niet alleen de buitenzijde ontworpen, maar ook de tuinen en de fraaie binnenzijde. Vele topstukken van Nederlandse schilders en belangrijke kunst- en geschiedkundige voorwerpen worden hier tentoongesteld.

Rijksmuseum, gezien vanaf het IJsclubterrein, 31 augustus 1906

Het Nieuwe Paviljoen in het Vondelpark, 28 oktober 1906

Vondelpark

In de directe omgeving van het Vondelpark woonden de meer welgestelde bewoners van de stad. In het naar Engelse landschapsstijl ontworpen park konden ze heerlijk flaneren. Het ontwerp kenmerkte zich door de gevarieerde beplanting, de watergangen, gazons en bosschages. Ook de minder welgestelde Amsterdammers wisten het Vondelpark te vinden om te ontsnappen aan de drukte van de stad en er hun rust te zoeken.
Toen prinses Juliana één jaar oud was, bezocht zij samen met koningin Wilhelmina het Vondelpark. Het tegenwoordige Rosarium werd toen tot Prinsessetuin gedoopt.
De kinderen konden zich in het park vermaken en kijken naar de ganzen en zwanen die altijd wel bij het bekende Nieuwe Paviljoen te vinden waren.

Hoofdstuk 2

Veranderingen in de stad

Amsterdam had ruimte nodig voor de grote toestroom van nieuwe bewoners. Tussen 1880 en 1910 kwamen er veel gezinnen, in totaal meer dan 130.000 mensen, van het arme platteland naar de stad. Dit leverde voor de gemeente allerlei problemen op, want deze nieuwe bewoners waren op zoek naar werk en zij moesten natuurlijk gehuisvest worden. Al eerder moest de Singelgracht zijn functie als stadsgrens opgeven. De stad dijde steeds verder uit, hierdoor werd het achterland rond de stad steeds meer opgeslokt. De Pijp werd gebouwd en ook in het westelijk deel werd de stad uitgebreid. De verkeersdrukte werd groter en ook hiervoor waren diverse aanpassingen in de stad noodzakelijk.

Een deel van de stad ging op de schop, sommige gebouwen kregen nieuwe functies en andere waren gewoon toe aan de slopershamer.

Pakhuizen aan de Brouwersgracht, 29 augustus 1907

Pakhuizen

Bij de oude pakhuizen legden ooit platte schuiten met goederen aan. Vanaf de grote zeeschepen vervoerden zij graan, kruiden, specerijen, cacao, bier en vele andere goederen om deze voor korte of langere tijd in de pakhuizen op te slaan. Inmiddels zijn deze pakhuizen overblijfselen van een veranderlijke stad. De meeste pakhuizen deden in het begin van de twintigste eeuw geen dienst meer als zodanig. Zij stonden vervallen langs de kades van de grachten. De luiken waren gesloten en er was weinig bedrijvigheid. Voor sommige mensen was dit nog wel een perfecte plek voor goedkope opslag. Een aantal pakhuizen had grappige namen, zoals te zien op de foto: Kort Beraad, Kameel, d'Ezel en Dantzig. Meestal waren de pakhuizen in rijen langs de vele kades gebouwd. De hijsbalken die uit de gevel staken bleken zo handig in het gebruik te zijn, dat de meeste Amsterdamse woningen er heden ten dage nog steeds mee worden uitgerust.

Ontwikkeling van de Pijp

Deze venter kijkt niet alleen in de camera van de fotograaf, hij kijkt ook uit over een onbebouwde vlakte. De Pijp is in volle ontwikkeling. Achter de venter staat het reeds bebouwde deel van de Tweede Van der Helststraat, richting de Ceintuurbaan en het Sarphatipark. Vanwege de groei van de Amsterdamse bevolking ontwierp de gemeente een plan voor de Pijp, waarbij uit kostenoverwegingen de bebouwing de oorspronkelijke paden en sloten volgde. De buurt was ervoor bestemd om een arbeidersbuurt te worden. Het plan gaf ruimte aan particuliere beleggers om de Pijp te bebouwen, maar dit leverde veel onsolide woningen op. Om dat te voorkomen stimuleerde de gemeente, met het geven van krediet, de oprichting van woningbouwverenigingen die onder andere de woningen die op deze foto zijn afgebeeld lieten bouwen.

Tweede Van der Helststraat, 29 september 1906

Afbraak van de Nieuwezijds Kapel tussen het Rokin en de Kalverstraat, 4 mei 1909

Afbraak Nieuwezijds Kapel

De Nieuwezijds Kapel was gebouwd rond de Heilige Hoek (helemaal links op de foto, vlak voor de afbraak), waar volgens de legende in 1245 het mirakel van Amsterdam heeft plaatsgevonden. Op deze plek kreeg een doodzieke man in zijn huis door een priester het Heilig Sacrament (hostie) toegediend. De man braakte de hostie onbeschadigd uit in zijn haardvuur. Ook het vuur in de haard deerde de hostie niet. Dit werd gezien als een wonder.

Onder groot protest van de Amsterdamse intellectuelen en de gemeente Amsterdam werd door de Hervormde Gemeente de kapel in 1909 afgebroken. De getoonde heimachine werd tijdens de afbraak waarschijnlijk gebruikt om extra palen te heien voor meer stevigheid tijdens de afbraak. De oorspronkelijk houten paalfundering van het gebouw was in zo'n slechte toestand, dat er kans op instorting bestond.

Uitbreiding langs de Boerenwetering

C.J. Schouten, tuinman en bloemist, zag zijn bedrijf steeds verder ingesloten worden door de oprukkende stad. De Boerenwetering die vanuit de Singelgracht het achterland inliep werd aan de beide oevers steeds verder bebouwd door de uitbreidingen van het Museumkwartier en de Pijp. Voorheen waren de beide oevers slechts bebouwd met allerlei tuinderijen en veehouderijen die de Boerenwetering gebruikten als aan- en afvoerroute voor hun producten. Achter deze bedrijfjes lag een kale polder met wat uitspanningen waar menig Amsterdammer in zijn vrije tijd kwam uitblazen en zich kon vermaken.

Zicht naar de Ruysdaelkade, 17 januari 1906

Rustenburgerstraat, gezien richting de hoek met de Dusartstraat, 6 oktober 1906

Laatste dijkhuisjes in de Rustenburgerstraat

Dat de bebouwing almaar oprukte laat deze foto op zeer indrukwekkende wijze zien. Voor de huisjes langs sjouwt een vrouw met een emmer, blijkbaar werden de huisjes ten tijde van de foto nog bewoond. Je voelt als het ware de spanning tussen de stadsbebouwing en deze oorspronkelijke dijkhuisjes. De kinderen even verderop gebruiken de nu nog loze ruimte om te spelen. Het zal nog maar even duren tot de dijkhuisjes worden afgebroken zodat de stad ook hier grote straatpanden kan neerzetten. Dan zal ook deze loze ruimte van de Rustenburgerstraat vanaf de Dusartstraat tot aan de Ruysdaelkade volgebouwd zijn.

Het oude Polderhuis

Met het grootstedelijk Rijksmuseum op de achtergrond en het oude Polderhuis op de voorgrond ontmoetten twee tijden elkaar. Het Polderhuis met zijn boerensluis en overhaal was een belangrijk punt voor de vele schuitjes en pramen om het verschil in waterniveau naar de Singelgracht te overbruggen. De bedrijfjes in het achterland gebruikten deze waterroute om hun waren de stad in te brengen. Naast het Polderhuis was een uitspanning die het heemraadschap gebruikte voor zijn vergaderingen en vele Amsterdammers vonden hier, zo dicht bij de stad, ontspanning en vertier.

Polderhuis, gezien vanaf de Stadhouderskade in de richting van de Hobbemakade, 1 april 1910

Parkschouwburg aan de Plantage Doklaan, 8 juni 1909

Parkschouwburg

De stad was bezig om een culturele en bruisende stad te worden. Niet alle initiatieven slaagden; er zaten ook mislukkingen tussen, zoals deze Parkschouwburg die aan de Plantage Doklaan stond. Het interieur van deze schouwburg was in oosterse stijl ingericht, heel apart voor die tijd! De Hollandsche Opera was in de schouwburg gevestigd en trad er veelvuldig op. Toen er een grote ruzie ontstond tussen de leden van het Parkschouwburgorkest viel het orkest uiteen. Dit was precies op het moment dat het Concertgebouw aan het Museumplein zijn eigen orkest oprichtte. Hierdoor raakte de Amsterdamse culturele markt verzadigd en was er geen ruimte meer voor een ander orkest. De Parkschouwburg kon zich niet meer handhaven en het gebouw raakte in verval. Slechts dertig jaar heeft het gebouw er gestaan, waarvan een deel van de tijd in vervallen staat. Het terrein werd uiteindelijk door een kleine werf gebruikt, totdat het gebouw werd gesloopt.

Uitbreiding van West

Dat Amsterdam ruimte moest maken voor haar vele inwoners liet ook het westelijke gebied van de stad niet onberoerd. De stad rukte op richting de Kostverlorenvaart, die de grens tussen Amsterdam en de gemeente Sloten vormde.
Hier zie je de Bilderdijkkade met uitzicht richting de Kostverlorenvaart. In het verlengde van de nieuwe bebouwing zie je het stalgebouw van de stadsreiniging. Voor de venters gaf dit gebied nieuwe kansen. De bewoners, zoals deze vrouw, kwamen maar al te graag naar buiten voor een zure bom of een harinkie.
Het landschap in de verte getuigt nog van een landelijk gebied.

Bilderdijkkade met in het verschiet het stalgebouw van de stadsreiniging, 22 juni 1908

Afbraak Beurspleintje aan de kop van het Rokin, 17 april 1912

Afbraak Beurspleintje, kop van het Rokin

Eindelijk was het dan zover, de doorgang van en naar de Dam en het Rokin werd verbreed zodat het verkeer gemakkelijker de Dam kon bereiken. Ook de trambaan, links op de foto, liep ongewenst dicht langs de bebouwing. Mede om die reden zijn deze historische woningen afgebroken.

Hoewel het nu jammer is dat dit stukje origineel oud Amsterdam voor altijd verdwenen is, hadden de mensen die je hier tussen de halfafgebroken huizen bezig ziet in ieder geval wel een mazzeltje. Ze konden de materialen goed hergebruiken voor hun eigen woning of ze verdienden er nog wat aan door het te verkopen.

Afbraak

De Dam ging in fases op de schop, bijna alle huizen moesten tegen de vlakte. Het was één grote puinhoop toen het oude, in classicistische stijl gebouwde Commandantshuis werd gesloopt. Het gebouw was in de loop der tijd getuige geweest van veel veranderingen. Ooit stond de oude Waag links van dit gebouw. Tussen de twee gebouwen in stond het bekende 'Huis onder het zeil', een aantal kleine huisjes die ooit dienst deden als vismarkt. Het lijkt erop dat de aannemer A. de Leon, tevens makelaar, goede zaken deed tijdens deze afbraak. Volgens het telefoonboek uit 1915 woonde hij op de Staalkade, met genoeg ruimte om zijn paard-en-wagen te stallen. Of deze aannemer ervoor verantwoordelijk was dat de Amsterdammers met een gat op de Dam bleven zitten, vertelt de overlevering echter niet.

Afbraak van het Commandantshuis op de Dam, 31 mei 1912

Zicht naar de Tolstraat langs de Molenvliet, 21 september 1906

Aan de rand van de stad

De stad rukte op en de open vlakte tussen de Boerenwetering en de Amstel werd steeds kleiner. Hier kijkt men, met de rug naar de net aangebouwde bebouwing in de Pijp, uit over het platteland. Op de plek van de huidige Tolstraat stond in 1906 nog het overblijfsel van korenmolen 'De Duif' met eromheen diverse boerderijachtige bebouwingen. Voordat de definitieve ruiming van deze bebouwde plek plaatsvond, waren zigeuners er met hun woonwagens neergestreken. De molen kreeg in die tijd de bijnaam 'Lompenmolen'.

Singelgracht

De Singelgracht had lange tijd dienstgedaan als stadsgrens. Om de uitdijende stad met zijn vele nieuwe inwoners meer ruimte te geven begon men in de negentiende eeuw steeds meer en verder buiten deze gracht woningen te bouwen. De laatste stellingmolens werden afgebroken en de tramlijnen werden via bruggen buiten de gracht verlengd naar de nieuwe buurten, zoals de Pijp en het Museumkwartier. Al snel herkenden de bewoners deze grens niet meer als zodanig en hiermee nam Amsterdam afscheid van een oude vestinggrens.

Stadhouderskade met aan de overzijde van de Singelgracht het Huis van Bewaring aan de Weteringschans, ca. 1910

Hoofdstuk 3

Economische omstandigheden

Economisch ging het goed en de stad Amsterdam onderging een expansieve periode. In de tweede helft van de negentiende eeuw werden veel handwerkberoepen vervangen door stoommachines. Oude industrieën werden verplaatst of overgenomen door bedrijven met nieuwe technologieën. Dit leidde tot een economische groei van de fabrieken die in of rond de stad waren gevestigd. Veel mensen van buiten trokken naar de stad en werden ingezet als goedkope werkkrachten. Dit zorgde ervoor dat Amsterdam goed kon concurreren met andere steden. De spoorwegen en de haven combineerden het goederenvervoer en hiervan profiteerden zij beide. Dit alles zorgde voor een dynamische stad, waarvan de vele traditionele markten die Amsterdam rijk was op hun beurt profiteerden. De koopmansbeurs was recent neergezet en nieuwe winkelformules, zoals de Bijenkorf, kregen de kans zich te ontwikkelen.

25

Warenhuizen

Warenhuizen, zoals de Bijenkorf en Vroom & Drees-mann, hadden de potentie om explosief te groeien. Nadat de Beurs van Berlage gebouwd en de Beurs van Zocher gesloopt was, bleef er op de hoek van het Damrak en de Dam een kale vlakte over waar nog geen nieuwe bestemming voor was gevonden. De Bijenkorf, toen gevestigd aan de Nieuwendijk, had besloten de zaak wegens groot succes te verbouwen en uit te breiden. Om de tijd te overbruggen opende de Bijenkorf een noodwinkel op deze kale vlakte. Op het Damrak en de Dam was het altijd druk, waardoor de Bijenkorf overspoeld werd door de vele mensen die zich verdrongen bij de chique waar. Het winkelend publiek had de Bijenkorf ontdekt, deze locatie bleek een groot kassucces. Voor de oprichters genoeg reden om de bestaande plannen te laten va-ren, het oude beursterrein op te kopen en opdracht te geven tot de bouw van het tegenwoordige Bijen-korfgebouw.

Damrak met links de Beurs van Berlage, 28 mei 1910

Houtzaagmolen 'De Jager' bij de Frederik Hendrikstraat, 10 oktober 1906

Houtzaagmolens

Water en houtzaagmolens waren in het oude Amsterdam onlosmakelijk met elkaar verbonden. De molens stonden aan de toegangswateren van de stad, zoals de Kostverlorenkade en de Zaagmolensloot. Via het water kon het hout eenvoudig worden aan- en afgevoerd. Elke ochtend stak de molenaar even zijn hoofd uit de molen en als de wind gunstig was schalde zijn stem: 'Jan, we draaien vandaag!'
Een echo kaatste zijn stem terug van de bebouwing even verderop. Hele bomen werden tot planken gezaagd. De grote ingangen aan beide zijden waren zeer kenmerkend voor dit soort molens. Helaas voor de molenaars werd het houtzagen geautomatiseerd. Amsterdam verloor hierdoor een belangrijke economische motor.

Koninklijke waskaarsenfabriek

Sommige fabrieken gingen ten onder door de technische vooruitgang. Door de opkomst van de gloeilamp nam het economische belang van deze waskaarsen-fabriek af. De fabriek had een slechte naam; regelmatig hing er een doordringende geur door de hele stad en de arbeidsomstandigheden waren zeer slecht. Jongetjes maakten soms weken achtereen werkdagen van achttien uur en van de meisjes werd verwacht dat zij zware kisten gingen verslepen. De Amsterdammers waren dan ook blij met de afbraak van de fabriek.

Waskaarsenfabriek aan de Hobbemakade, 22 februari 1906

Gebouw van de vismarkt op de Nieuwmarkt, 28 september 1905

Vismarkt

Op de Nieuwmarkt, aan het begin van de Geldersekade, stond het gebouw van de overdekte vismarkt die vanaf het Open Havenfront werd bevoorraad. Nog voor het aanbreken van de dag ratelden de wielen van de Amsterdamse visventerskarren richting deze vismarkt. De venters trotseerden de sterke stank in de vishal om er hun inkopen te doen. Vis was toen erg goedkoop en werd gezien als volkseten. Zodra de ochtenddrukte op de vismarkt was afgelopen, liep de Nieuwmarkt vol met kramen waar de Amsterdammer onder andere zijn dagelijkse boodschappen kon halen.
Als visboer op de Nieuwmarkt had je je plek goed uitgekozen, zo dicht bij de vishal.

Beurs van Berlage

Eind negentiende eeuw bleek de Beurs van Zocher te klein te zijn. De Amsterdamse economie groeide en er ontstond behoefte aan een groter gebouw. Juist in deze periode startte Hendrik Petrus Berlage zijn eigen praktijk. Berlage kreeg de opdracht van de gemeente Amsterdam om dit grotere beursgebouw te ontwerpen. In 1903 was het gebouw gereed. Wereldberoemd is Berlage geworden door dit beursgebouw dat onderdak bood aan de handel in onder andere effecten, diverse goederen, landbouwproducten, valuta en scheepsvrachten. De gewone Amsterdammers vonden het gebouw maar niets. Ze konden zich niet voorstellen dat het gebouw, dat lijkt op een fabriekshal, plaats kon bieden aan de statige beurshandelaren.

Beurs van Berlage, gezien vanaf het Damrak, 29 mei 1907

Ertskade, gezien vanaf de Stads Rietlanden, 5 juli 1912

Overslag van goederen

Hoewel door de bouw van het Centraal Station het uitzicht voor de Amsterdammers op het open IJ belemmerd werd, groeide juist de haven door de komst van dit station erg snel. Amsterdam werd een knooppunt waar onder andere erts en houtskool per trein werden aangevoerd. De goederen werden overgeslagen op vrachtschepen die voor verder transport zorgden. Op dit prachtige beeld zie je hoe op de Zeeburgerpolder de inhoud van een treinwagon, door een slimme kantelconstructie, in een vrachtschip wordt leeggekieperd.

Noordermarkt

In de Jordaan aan de voet van de Noorderkerk ligt het plein 'Noordermarkt'. Het plein is ontstaan tijdens de zeventiende-eeuwse stadsuitbreidingen en heette oorspronkelijk 'Prinsenmarkt'.
Het was niet alleen de ruimte die uitnodigde om hier markt te houden, de aangrenzende Prinsengracht bleek bovendien een prima aanvoerroute te zijn voor de vele handelswaren die werden aangeboden. Natuurlijk werd de markt ook gebruikt door de gewone marktventers met hun handkarren om hun waar aan de man te brengen. De markt op dit plein geniet al eeuwen een grote populariteit.

Markt op de Noordermarkt, 21 september1908

Marktventers op de Nieuwmarkt, 10 juni 1907

Nieuwmarkt

De markt op de Nieuwmarkt is één van de oudste markten die Amsterdam rijk is. De Sint-Anthoniespoort, heden bekend als het Waaggebouw, verloor zijn functie als stadspoort toen Amsterdam de Lastage (nu Nieuwmarktbuurt) ging ommuren. De oude stadsmuren verdwenen en hierdoor ontstond er een loze ruimte in de stad. Deze ruimte werd al snel in beslag genomen door de marktventers die er elke dag markt gingen houden. Op de markt stonden venters met diverse handelswaren. Ze riepen met hoge stemmen hun waar aan te prijzen. De inwoners van Lastage kwamen dagelijks op de markt om hun inkopen te doen.

Waterloopleinmarkt

Overwegend venters van joodse afkomst verkochten hun spulletjes op de markt op het Waterlooplein. Het plein is vernoemd naar het dorp Waterloo waar ooit Napoleon Bonaparte werd verslagen. De arme joodse bevolking uit het naastgelegen buurtje deed altijd al veel aan straathandel. Het stadsbestuur wilde de straathandel inperken en besloot dit plein, dat is ontstaan na de demping van de gracht voor de Mozes en Aäronkerk, te gebruiken als marktplein. De markt bloeide volop en al snel maakten ook de zijstraten deel uit van deze markt.

Joodse venters op het Waterlooplein, 29 september 1905

Markt op het Amstelveld, 23 oktober 1905

Markt op het Amstelveld

De markt op het Amstelveld kenmerkte zich door de unieke handel en was hierdoor erg geliefd bij de Amsterdammers. Zo werden hier kant, linnen en allerlei soorten pluimvee verhandeld. De beroemdste standwerker op dit plein was Meijer Linnewiel alias Professor Kokadorus (grootvader **Ko**, grootmoeder **Ka** en vader **Dorus**). Hij wist door zijn praatjes allerlei waren te verkopen zoals toiletartikelen, schrijfgerei, zakmessen, kammen, likdoornpleisters, wondermiddelen en bretels. Zijn conversaties maakten hem erg populair; de bezoekers van de markt liepen altijd even langs Kokadorus om hem te horen spreken.

Albert Cuypmarkt

In een nieuwe buurt, wat de Pijp in het begin van de twintigste eeuw was, ontstond ook allerlei nieuw economisch verkeer. Voorheen lag op de plek van de huidige Albert Cuypstraat een brede sloot met daaraan een hele rij zaagmolens. Via deze sloot was het makkelijk om het hout vanaf de Amstel aan en af te voeren. De Zaagmolensloot, zoals deze sloot werd genoemd, werd door de nieuwe bebouwing in de Pijp opgeslokt. Uiteindelijk werd de sloot gedempt en bebouwd. Een brede straat bleef over en die kon als markt worden gebruikt. Zo ontstond er een nieuwe economische bestemming op deze plek. Heden ten dage is deze markt de bekendste markt van Amsterdam.

Marktkarren in de Albert Cuypstraat, 23 september 1905

Korenmolens

De vele bakkers in de stad lieten ooit hun meel malen bij de verschillende korenmolens die op de oude stelling rond Amsterdam stonden opgesteld. Rond 1900 werd het malen overgenomen door gemotoriseerde maalderijen. Bovendien werden door de uitbreiding van Amsterdam de stellingmolens langs de Singelgracht afgebroken. Korenmolen 'De gooyer' bleef echter staan en bleef productief, aangezien hij door zijn ligging nog genoeg wind kon vangen. Hij vermaalde onder andere graan voor het armenhuis dat aan het Waterlooplein stond.

Korenmolen 'De Gooyer' aan de Funenkade, 20 juni 1907

Bevoorrading

Hoewel door de treinen en het opkomende geautomatiseerde verkeer een deel van de aanvoer van de primaire levensbehoeften werd overgenomen, bleef de bevoorrading over water zeer belangrijk. Met het soort bootjes zoals je hier op de foto ziet (groot en klein) werden goederen uit de haven opgehaald. Op deze manier werden via de grachten de vele bedrijven, markten en fabrieken in de stad van goederen voorzien. Voor deze man was het lichamelijk zwaar werk om zijn boot te navigeren.

Bevoorradingsschip op weg naar de binnenstad, 14 maart 1906

Schepen in het Open Havenfront, 15 augustus 1908

Open Havenfront

Tussen het Centraal Station en de Prins Hendrikkade ligt het zogenaamde Open Havenfront. De gemeenteraad van Amsterdam ging medio 1886 enkel akkoord met de bouw van het Centraal Station als het Damrak bereikbaar zou blijven voor scheepvaartverkeer. Aan weerskanten van het station zijn doorvaarten gemaakt en hierdoor bleef de 'open' Prins Hendrikkade een drukke kade.
Sterke, ferme kerels laden de tonnen, de zakken en de kisten van de stoomschepen over op kleinere scheepjes. De kade wordt gebruikt om de waren over te laden op een paard met wagen.

Hoofdstuk 4

Infrastructuur en mobiliteit

De inwoners en het bestuur van de stad hadden in het begin van de twintigste eeuw grote moeite met de drukte die ontstond met de opkomst van het vele verkeer. Mobiliteit begon voor de Amsterdammers een steeds grotere rol te spelen.
Traditionele voertuigen, zoals bijvoorbeeld de paard-en-wagen, werden langzaamaan ingehaald door nieuwe technologische ontwikkelingen. Zo steeg niet alleen het aantal gebruikers van fietsen snel, maar had ook de automobiel zijn intrede gedaan in de stad. De spoorwegen verbonden steeds meer steden met elkaar waardoor deze gemakkelijker bereikbaar waren. Het Centraal Station werd een knooppunt van allerlei verbindingen. De trammaatschappijen maakten de overstap van de paardentram naar de elektrische tram. Het (personen)vervoer over het water groeide explosief. Amsterdam was genoodzaakt zijn infrastructuur aan te passen aan de veranderingen in het verkeer.

Gemeentestoompont op het IJ, 13 mei 1908

Kettingveer

Tussen de aanlegplekken van de stoompont aan de De Ruyterkade en het Tolhuis in Noord deed deze veerpont dienst. Deze pont werd niet getrokken door een ketting, zoals de naam misschien doet vermoeden. Er lag een ketting op de bodem van het IJ die tijdens het varen omhoog kwam en door de pont heen liep, zodat deze niet van zijn route kon afwijken. Het was een doeltreffende methode; je moet er toch niet aan denken dat de pont, door de stroming en de wind, telkens op een andere plek aan de overkant geraakte?
Er was een mannen- en een vrouwenkajuit op de pont aanwezig. Het was blijkbaar de bedoeling dat de mannen en vrouwen gescheiden naar de overzijde reisden, maar zoals je kunt zien vond men deze regel niet zo belangrijk.

Treinverkeer

Bij de Omval, een stuk land dat gedeeltelijk de Amstel in steekt, passeert een trein van de staatsspoorlijn richting Utrecht/Arnhem. De treinwagons met hun passagiers werden getrokken door een Beyer Peacock 2B-locomotief, die werd bestuurd door een machinist. De stoker schepte kolen in de oven; de kolenvoorraad lag in het tweede deel van de locomotief. De arbeidsomstandigheden van het personeel waren, sinds de twee spoorwegstakingen die aan het begin van de eeuw plaatsvonden, enigszins verbeterd maar nog verre van ideaal.

Stoomtrein van de Staatsspoorwegen, 30 oktober 1908

De Amstel, 23 september 1911

Stoomboot op de Amstel

De stoomboot werd onder andere gebruikt om op een snelle manier passagiers en goederen over de Amstel te vervoeren. Er waren stoombootdiensten vanuit de binnenstad naar bijvoorbeeld Ouderkerk aan de Amstel en weer terug. Vaak gingen de mensen een kort dagje even de stad uit om te genieten van de omgeving. Zakenlieden gebruikten de stoomboot als ze zaken in of buiten de stad moesten doen. De schoorstenen braakten overigens een dikke zwarte roet uit, hierdoor was de stoomboot niet bij iedereen populair.

Elektrische huurauto

Een elektrische auto in 1913, het zal menig lezer wellicht verbazen. Toch reden er vanaf medio 1909 elektrische huurauto's, Atax genaamd, in de stad. De Atax was de voorloper van de huidige taxi. Midden jaren twintig verloor hij de strijd definitief van de verbeterde benzineauto. De bestuurder van de Atax zat onbeschut in een open cabine, de passagiers zaten comfortabeler en hadden bovendien de mogelijkheid de cabine te sluiten. De reserveband zat prominent voorop het vehikel en diende blijkbaar als reclameruimte. De Atax was trouwens niet het eerste zelfstandig aangedreven elektrische vervoermiddel, een half jaar eerder werd de elektrische ziekenautomobiel al in de stad geïntroduceerd.

Brug Rozengracht op de hoek met de Lijnbaansgracht, 17 juni 1913

Zicht over het Stationsplein naar het Centraal Station, 29 juli 1908

Stationsplein

Het Stationsplein, voor het Centraal Station, begon steeds meer de functie van tramknooppunt van de Dam over te nemen. Logistiek gezien was het natuurlijk handig om de vele treinreizigers vanaf het Centraal Station snel van en naar de stad te vervoeren.

Ook vroeger gebeurde het regelmatig dat de trambaan opengebroken werd. De keien die toen nog als wegbestrating werden gebruikt, waren in ieder geval gemakkelijk door de stratenmakers te verwijderen. De houten kruiwagens werden door de stratenmakers gebruikt om onder andere hun gereedschap in te vervoeren.

Veerdiensten

Aan de De Ruyterkade, de IJ-zijde van het Centraal Station, lagen de pieren van de veerdiensten.
Bij de toegang tot pier 10 is het op deze donderdagmiddag een drukte van jewelste. Een vrouw met een handkar en verschillende werklui verzamelen zich hier in afwachting van de aankomst van het veer dat hen via het Noordhollands Kanaal naar Alkmaar, De Rijp of Zaandam zal brengen.
Een tocht naar Zaandam kostte vijf cent, maar als je vaker van dit veer gebruikmaakte kon je tien kaartjes kopen voor veertig cent.

Veerdiensten aan de De Ruyterkade, 1 augustus 1907

Gebouwtje van de Haven Stoombootdienst aan de IJkade, 25 september 1907

Stoombootdienst naar Nieuwendam en Schellingwoude

Nieuwendam en Schellingwoude waren kleine gemeenten op het noordelijke deel van de IJ-oever. Ze zijn ontstaan in de middeleeuwen. Men verdiende er de kost met onder andere visvangst, landbouw, veeteelt en ambachten. Bekend waren de kaasmakerij en de kuiperij. Amsterdam was een belangrijk afzetgebied voor deze ambachtelijke bedrijven. Nieuwendam had dankzij zijn haven en sluisje een belangrijke verbinding tussen het achterland en het IJ. In Nieuwendam maar ook langs de overige oevers waren verscheidene scheepsbouw- en reparatiewerven gevestigd. Hierdoor werd de verbinding tussen de beide IJ-oevers door deze stoombootdienst nog belangrijker.

Paard-en-wagen

De paard-en-wagen was een veel gebruikt vervoermiddel. Je kwam ze, zowel in de stad als daarbuiten, in allerlei variaties tegen. Goederen werden bijvoorbeeld op grote wagens geladen voor transport en er waren de wat rijkere venters, zoals de kolenventers, die hun waren ook op deze wijze vervoerden. De gefortuneerde Amsterdammer, meestal in het bezit van een eigen koetshuis, had een koets voor persoonlijk vervoer. Men kon eventueel ook een koets voor personenvervoer inhuren, de koetsier met zijn hoge hoed zorgde dan voor een aangename rit naar de gewenste bestemming.

Westzijde van het Stationsplein, 6 augustus 1908

Nassauplein met paardentram naar Sloterdijk, 22 september 1905

Paardentram

Begin 1875 werd de eerste Amsterdamse paardentramlijn geopend. Aan het eind van de negentiende eeuw werden diverse paardentramlijnen aangelegd door de belangrijkste straten van Amsterdam, zodat alle buurten met de Dam (die dienst deed als centraal tramplein) werden verbonden. De werkomstandigheden van het trampersoneel waren niet best, de mensen maakten lange dagen en verdienden weinig. Er werd zelfs beweerd dat er voor de trampaarden veel beter werd gezorgd dan voor het personeel. Aan het begin van de twintigste eeuw, in de tijd dat deze foto is genomen, nam het gebruik van elektrische trams sterk toe en was het gebruik van paardentrams reeds op zijn retour.

Elektrische tram

Met de komst van de elektrische tram verdween de paardentram langzaamaan uit het Amsterdamse straatbeeld. Om het reizen voor de passagiers comfortabeler te maken was de tram inmiddels windvrij gemaakt, door de zijwanden en balkons af te sluiten met glas. De trambestuurders hadden deze luxe echter nog niet. Elke dag bestuurden ze de tram, in weer en wind. Door het grote aantal ziekmeldingen van het personeel besloot het bestuur van het trambedrijf uiteindelijk ook het bestuurdersdeel aan te passen en te voorzien van glas. De positionering van de versnellingspook moest hier speciaal voor worden omgeleid, deze liep sindsdien buitenom.

Sarphatistraat, gezien richting Muiderpoort, 17 september1906

Opel 'Coupé de Ville' langs de Amstel, 23 september 1911

Automobiel

Bij een bocht langs de Amstel rijdt een automobiel van het merk Opel, de uitvoering heet 'Coupé de Ville'.
Het was het eerste model met een gesloten carrosserie en was zeer populair onder artsen. Hierdoor stond hij ook wel bekend als 'de dokterswagen'.
Gedeeltelijk was hij van hout vervaardigd. Door de grote ramen en de hoogte van de automobiel hadden de bestuurder en zijn passagiers voldoende uitzicht. Aan de rechterzijde op het raam van de automobiel zie je de drie Andreaskruisen met een nummer.
Dit was waarschijnlijk de voorloper van het tegenwoordige nummerbord en werd het 'nummerbewijs' genoemd.

Rijwielen

1908, twee fietsers rijden over de Hoogesluis in de richting van het Paleis voor Volksvlijt.
Steeds meer mensen kochten een fiets en al snel verscheen de fiets vaker in het straatbeeld van de stad. De rijkere Amsterdammers die al eerder een fiets konden betalen, zagen dat al maar meer werklieden een fiets konden aanschaffen. De fiets was namelijk een degelijk, comfortabel en betaalbaar vervoermiddel geworden, sinds de uitvindingen van de kettingaandrijving en de luchtgevulde fietsbanden. Aangezien de fiets nogal smal en daardoor niet zo heel goed zichtbaar was, werd in 1906 het gebruik van de fietsbel verplicht gesteld door de overheid.

Fietsers op de Hoogesluis, 22 augustus 1908

Amsterdammertjes op de Dam, 14 juli 1908

Verkeerspalen

Door de toenemende verkeersdrukte ontstond er behoefte om mogelijke chaos te voorkomen. Om een en ander te reguleren werden er her en der paaltjes neergezet met een voor ons inmiddels bekende vorm. Volgens de overlevering werden er ooit afgedankte kanonnen in de grond gestoken als wegversperring, dit zou de inspiratiebron geweest zijn voor de vorm van de 'amsterdammertjes'.
De paaltjes op de Dam tussen het Commandantshuis en een tramhalte zorgden ervoor dat koetsen de weg niet konden versperren. Verschillende venters maakten hier juist weer gebruik van; zij boden het wachtende publiek bij de tramhalte hun waren aan.

Motorautobus in de Jordaan

Het in 1908 gestarte experiment met een eerste motorautobus, is er een mooi voorbeeld van dat nieuwe technische kennis voor nieuwe ontwikkelingen en ideeën zorgde. Deze bus deed dienst onder lijnnummer 14. De bus was samengesteld uit een gemotoriseerd deel en een deel van een oude paardentram. Nieuwsgierig geworden toeschouwers dromden samen om als eersten onder de (toen) imposante motorkap te kunnen kijken. Ze waren hiervan nogal onder de indruk. Het experiment werd na korte tijd gestaakt, toen bleek dat de bus nog niet ver genoeg was ontwikkeld om een rol van betekenis te kunnen spelen. Pas in de jaren twintig werd er opnieuw een busdienst in gebruik genomen.

Brug over de Prinsengracht bij de Prinsenstraat en de Anjeliersstraat, 25 maart 1908

Paard-en-wagen bij het Leidseplein, ca. 1910

Goederenvervoer door de stad

Het kantoor van Van Gend & Loos was gevestigd op de Dam vanwaaruit het goede zaken deed. De firma had zich geheel gericht op het vervoer van goederen van en naar treinstations. Ze was in het bezit van vele stevige wagens die, getrokken door een paard, de stad doorkruisten. Op deze wagens maakte Van Gend & Loos zowel reclame voor zichzelf als voor hun grootste klant, de staatsspoorwegen. Deze nevenactiviteit bracht extra geld in het laatje en zo raakten beide namen bekend bij het grote publiek.

Willemsluizen

Een uitstapje naar Amsterdam-Noord verplichtte je bijna om een bezoekje aan de imposante Willemsluizen af te leggen. Hier kon je rustig vissen en uitkijken over het toen nog lege landschap, terwijl een stoomboot door de druk van het water omhoog of omlaag werd getild naar de verschillende water niveaus van het IJ en het Noordhollands Kanaal. Het kanaal loopt vanaf het IJ helemaal naar Den Helder en is hierdoor een zeer belangrijke scheepsroute. De Willemsluis dankt zijn naam aan koning Willem I. In 1819 verordende hij, bij Koninklijk Besluit, de aanleg van het Noordhollands Kanaal en de bouw van de dubbele schutsluis bij het Tolhuis in Amsterdam.

Stoomboot in de Willemsluis, 19 september 1907

Hoofdstuk 5

Beroepen

De Amsterdammers probeerden op allerlei manieren hun brood te verdienen. De stad kende natuurlijk de overbekende straatventers die altijd erg zicht- en vooral hoorbaar aanwezig waren. Een aantal mensen probeerde op een andere manier de kost te verdienen, zoals de poppenkastspeler die de kinderen vermaakte, de orgelman die zijn deuntje liet horen, arme schoenenpoetsers die hun diensten aanboden en de mes- en scharensliep die het huisgereedschap sleep. Daarnaast waren er de politieman en de marktmeester die toezicht hielden en de bouwvakkers die toen hun boezeroen nog niet uittrokken met warm weer. De mensen die in de fabriek of op kantoor werkten waren buiten werktijd op straat in beeld, bijvoorbeeld als consument.

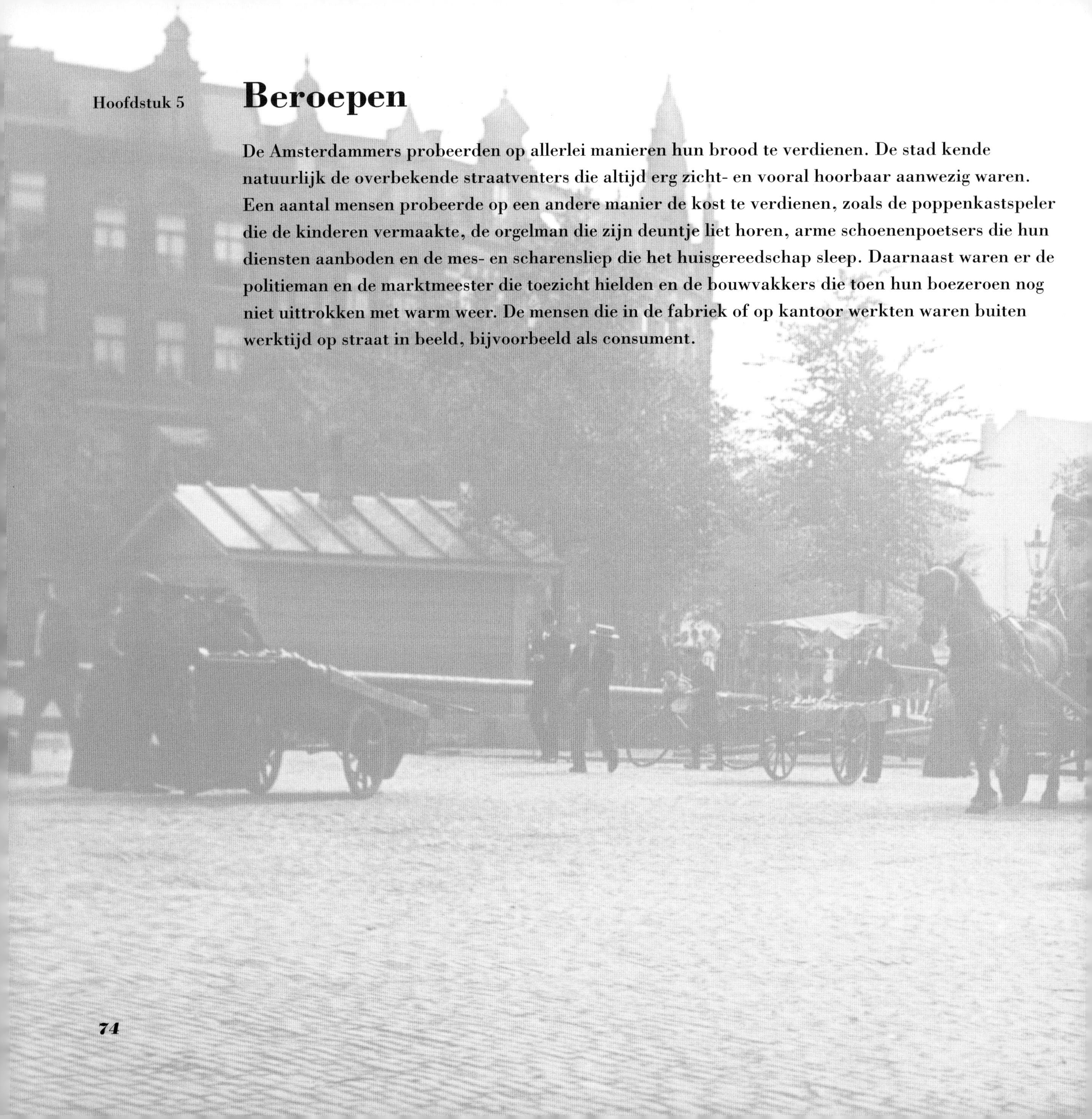

Daar is de orgelman...

Het Amsterdamse straatleven was altijd erg rumoerig. De straatventers lieten van zich horen: 'Vis van de zeeéee' en 'Meikersen, het benne mooie kersen'. Maar als de orgelman de hoek om kwam en aan zijn orgelwiel begon te slingeren, dan bleven zij even stil. De draaiorgels waren zeer geliefd en iedereen luisterde graag naar de muzikale afwisseling. Menigeen kon een dansje niet onderdrukken en als de beurs het toeliet werd er grif geld in het centenbakje gedeponeerd.

Nieuwmarkt met de ingang van de Keizerstraat, 28 september 1905

Politieagent

De politieagenten van toen hadden een heel andere invulling van hun functie dan de agenten van tegenwoordig. Ze straalden gezag uit als ze een straatventer op de vingers tikten, omdat die de weg blokkeerde met zijn of haar kar. Ze traden op tegen zwervers en ordeverstoorders. Er waren nog amper verkeersregels om te handhaven.
Een dienst van een politieagent duurde 48 uur, hierna had hij 24 uur vrij. Tijdens hun dienst liepen de agenten overdag hun surveillance en 's nachts sliepen ze in hangmatten op het bureau. Zo waren ze altijd en snel inzetbaar.
De prominente sierhelm toonde aan de voorzijde het wapen van Amsterdam.

Politieagent op de Dam, 15 juli 1907

Hooileverancier

De stad had door het grote aantal paard-en-wagens behoefte aan hooi voor onder andere voedsel. Het gras werd eerst met een scherpe zeis op het land gemaaid, écht zwaar handwerk. Vervolgens werd het gedroogd en als hooi via het water door een vrachtschip naar de stad vervoerd. Het hooi werd aan de wal door middel van een grote weegschaal en twee grote gewichten gewogen en per aantal kilo's aangeboden en verhandeld. Overal waar het schip aanlegde bouwde de hooileverancier handig zijn weegschaal op en bij vertrek werd deze kundig weer afgebroken.

Nieuwe Achtergracht bij het Weesperplein, 3 augustus 1908

IJsventers op het IJsclubterrein, 31 augustus 1906

IJscoman

Wat een feest! Het is een warme Koninginnedag en dit meisje geniet zichtbaar van haar koude ijsje. Room- en vanille-ijs was deze dag alom te koop bij de vele ijscomannen op het Amsterdamse IJsclubterrein, waar nu het Museumplein ligt. Al vroeg in de ochtend haalden de ijscomannen hun kar en hun ingekochte 'Victoria IJs' op bij de koelkamers van de stad. Schepijs was in de zomer voor de ijsboeren hun belangrijkste product. In de winter verkochten ze andere waren, zoals chocolademelk en gevulde koeken.

Poppenkastspeler

De uit hout gesneden Jan Klaassen en Katrijn waren altijd al de populairste personages van de poppenkast. Ze beleefden allerlei avonturen en vele kinderen gingen helemaal in het verhaal op. Net zoals de volwassen toeschouwers trouwens. Er waren geen stoeltjes waar de toeschouwers rustig op konden zitten om te genieten, iedereen zat of stond op de harde straatstenen.
De poppenkast op deze foto werd bespeeld door de heer J.A. Cabalt, zoals nog vaag op het dak van de poppenkast te lezen is. Er hebben nadien nog generaties Cabalt de poppenkast in Amsterdam bespeeld.

Poppenkast op de hoek van de Keizersgracht en de Utrechtsestraat, 23 maart 1908

Schoenenpoetsers op de Prins Hendrikkade, 6 augustus 1908

Schoenenpoetsers

Je werd er niet vrolijk van als je als wat oudere en minder bedeelde Amsterdammer nog wat probeerde te verdienen. Een van de beroepen die je nog zonder al te veel inspanning kon doen was het beroep schoenenpoetser. De klanten hadden echter niet veel over voor dit werk. Het werd gezien als een teken van echte armoede, als je je moest verlagen tot dit minderwaardig en kinderlijk werk.
Toch hadden deze mannen best een aardige stek. Menig reiziger die per trein op het Centraal Station aankwam wilde wel even snel zijn schoenen laten blinken voordat hij op zijn afspraak in de stad verscheen.

Nogaverkoper

Honing, suiker, glucosestroop, stijfgeklopte eiwitten en geroosterde noten zijn de ingrediënten van de plakkerige, mierzoete nogablokken. Door de hoge kooktemperatuur van de suiker is het zeer ingewikkeld om zelf noga te maken.
De nogaverkopers verkochten de in stukken gesneden noga. Ze hadden een kistje op hun buik, bevestigd met een riem die om hun nek hing. Zo kon de verkoper makkelijk in het kistje kijken terwijl de zoete blokken gretig aftrek vonden.

Nogaverkoper op de Dam, 7 september 1908

Markt op de Nieuwmarkt, 21 september 1908

Marktmeester

De vele markten die Amsterdam telde stonden onder toezicht van de zogeheten marktmeesters, of ook wel de registermeesters genoemd. De voornaamste taken van de marktmeesters bestonden uit diverse administratieve werkzaamheden. Ook zorgden zij voor een goede verdeling van de plekken, zodat de markten een goede opbouw kregen.

Bouwvakkers

Bij een pand aan de Weesperzijde vlakbij de Schollenbrug is de straat opgebroken om ruimte te maken voor de aanleg van waarschijnlijk de waterleiding of een elektriciteitskabel. Sommigen van de bouwvakkers zijn bezig om de eerder gegraven langgerekte greppel met zand dicht te gooien, terwijl een andere ploeg dit zand met stampgereedschap aanstampt. De man met de hoed, op de achtergrond, is de voorman en hij houdt toezicht op de werkzaamheden.
Wat zullen deze werklui het warm gehad hebben op deze mooie dag aan het einde van juni!

Weesperzijde bij café Schollenbrug, 27 juni 1908

Koetsier op de Nieuwezijds Voorburgwal, 29 juli 1908

Koetsier

Voor het beroep koetsier kwam je al snel in aanmerking als je een sociale instelling had. Je moest natuurlijk wel goed met je passagiers kunnen omgaan en altijd een babbeltje klaar hebben. Koetsiers hadden gemiddeld een erg hoge leeftijd. Dat kwam omdat veel mensen op oudere leeftijd nog voor dit beroep kozen, bijvoorbeeld als je je vroegere beroep door gezondheidsklachten moest opgeven. Het is dan ook verklaarbaar dat de sterfte onder de koetsiers relatief erg hoog was. Bovendien was de lucht in de stad erg vervuild door de grote fabrieken in en om de stad. Dit laatste droeg eraan bij dat veel koetsiers te maken hadden met ziekten aan de ademhalingsorganen, zoals long- en keeltuberculose en longkanker.

Straatventers

De straatventers met hun karren hoorden bij het dagelijkse straatbeeld. Ze waren meestal arm en liepen met hun handkar van straat tot straat. Al schreeuwend lieten ze weten wat voor waar ze aanboden. Soms had een straatventer het geluk iets bijzonders aan te kunnen bieden. Drommen mensen stonden dan om de kar heen om maar als eerste de waar aan te kunnen schaffen. Politieagenten moesten hier vaak even tegen optreden aangezien de straatventers met hun kar de weg voor het overige verkeer versperden.

Venters op de Elandsgracht bij de hoek met de Hazenstraat, 18 oktober 1905

Zicht over de Nassaukade, 27 september 1905

Mes- en scharensliep

Ooit was het een vertrouwd stadsbeeld, een man met zijn scharensliep die zijn diensten aanbood. Zijn imposante machine was op een duwkar gemonteerd. De sliep was voorzien van een groot ronddraaiend wiel en een stenen slijprand. 'De schárensliep, voor al uw scharen en messen' werd er dan door de man geroepen. Mensen kwamen naar hem toe en hij sleep ter plekke de botte messen en scharen zo scherp dat ze er weer als nieuw uitzagen. Zo kon iedereen zijn scharen en messen weer optimaal gebruiken. In de winter werd de mes- en scharensliep ook ingezet om botte schaatsen te slijpen.

Stratenmaker

De straten in de stad moesten natuurlijk goed onderhouden worden. Regelmatig haalden stratenmakers de straten open voor onderhoud en, niet te vergeten, aanpassingen voor het toenemend verkeer. Het was lichamelijk zware arbeid om de keien en straattegels op hun plaats te krijgen. De werkomstandigheden van dit buitenberoep waren zwaar en nogal primitief. Ook het weer had zijn invloed, tijdens grote neerslag konden de mannen niet werken, waardoor zij inkomsten misliepen. Met zijn rubberen kielkappen en twee kilo zware kaphamer kroop de stratenmaker stukje voor stukje de straat over.

Haarlemmerdijk, gezien richting de Haarlemmerpoort, 6 juli 1907

Rozengracht bij de hoek met de Accolijenstraat, thans Akoleienstraat, 12 juni 1908

Dienstmeid

Jonge, vooral wat armere meisjes zochten vaak voor het huwelijk een baan als dienstmeid. Ze kregen kost en inwoning bij een welgestelde familie waar ze het redelijk goed hadden. De meiden maakten meestal wel lange werkdagen bij hun werkgever. Bovendien was het werk behoorlijk zwaar, er werd een hoop werk in de huishouding van deze meiden verwacht. Maar het was beter werk dan het werk in een fabriek, daar zouden ze het een stuk zwaarder gehad hebben. In ieder geval konden ze zichzelf op deze wijze klaarstomen voor de werkzaamheden die ze als aankomend huisvrouw en moeder zouden gaan doen nadat ze getrouwd waren.

Hoofdstuk 6

Communicatie

De eenvoudigste manier van communiceren, de spraak, gaf nog wel eens problemen. Hoewel de stad niet zo heel groot was waren er verschillende groepen mensen die ieder hun eigen dialect spraken.
De post en de telegrafie waren inmiddels al traditionele vormen van communicatie. Nog niet zo oud was de telefonie; de telefoon was nog zeker niet voor iedereen beschikbaar.
Overige manieren van communicatie waren eenvoudig maar kenden wel vele varianten. Zo werden dagprijzen in winkels direct met een krijtje aangepast. Aanplakbiljetten en uitverkoopborden hingen tijdelijk in de stad en de metershoge muurreclames waren permanent aangebracht voor algemene naamsbekendheid.
Fabrieken en producenten gingen zich steeds meer bezighouden met modernere vormen van marketing om hun doelgroepen te bereiken.
Men introduceerde verkeersborden, ook een manier van communicatie, met behulp waarvan het verkeer beter gereguleerd kon worden.

VERBODEN
VOOR
RIJWIELEN
EN
MOTORRIJTUIGEN
VAN CLEEFS
LEES
BIBLIOTHEEK

Hoofd Post- en Telegraafkantoor aan de Nieuwezijds Voorburgwal, augustus 1912

Telegrafie

Terwijl de stratenmaker bezig was met zijn werkzaamheden en de venters rustig op straat liepen, was het binnen het Hoofd Post- en Telegraafkantoor altijd een topdrukte op de telegrafie-afdeling.
Het was al vanaf de negentiende eeuw mogelijk om op grote afstand met elkaar te communiceren door middel van de elektrische telegrafie. Snelheid was het sleutelwoord. Het zakelijk verkeer was hierdoor minder plaatsgebonden en de koop- of verkoopopdrachten werden over grote afstanden snel afgehandeld. Het diplomatiek overleg versnelde hierdoor en maakte lange reistijden overbodig. Bovendien bracht de telegrafie andere mogelijkheden met zich mee, zoals het doen van weersvoorspellingen door de weersomstandigheden op diverse locaties met elkaar te vergelijken.

Dialecten en geroddel

Door de vele verschillende dialecten, die vaak zelfs buurtgebonden waren, was het soms voor de Amsterdammers onderling moeilijk om elkaar te verstaan. Ook gemeenschappen, zoals de joodse, hadden grote invloed op de spraak in de stad. Daarbij kwam nog de grote toestroom van nieuwe bewoners van buiten de stad die hun eigen spraak of dialect meenamen. Spraakverwarring moet in die tijd dan ook vaak voorgekomen zijn. Toch weerhielden deze dames zich er niet van om, gezellig zittend in het zonnetje, de middag roddelend over deze of gene door te komen.

Westerstraat, 21 september 1908

Fabrieksgebouw van de Blooker Cacao- en Chocoladefabriek, 21 juni 1912

Half elf Blookertijd

Rond de eeuwwisseling geurde de hele stad voortdurend naar cacao. Dit kwam door de vele chocoladefabrieken die Amsterdam rijk was. Een van deze fabrieken was de Blooker Cacao- en Chocoladefabriek waarvan je op de foto het fabrieksgebouw ziet.
De vele cacaomerken beconcurreerden elkaar flink en hierdoor was de cacaobranche een van de eersten die aan moderne marketing deden. Zo trachtte Blooker de bevolking te bewegen om op gezette tijden (Half elf Blookertijd) een kopje hete chocolade te drinken in plaats van koffie of thee. Cacao was vrij hoog in prijs, daarom lanceerde Blooker rond 1905 de één kilo Blooker's daalder cacao.

Dagprijzen

De prijzen van bepaalde levensmiddelen varieerden, net zoals nu, bij de dag. De winkelier moest hierdoor ook zijn verkoopprijzen elke dag op een makkelijke manier kunnen aanpassen. Dit deed hij door met een simpel wit krijtje op een prijzenbord de actuele dagprijzen met grote duidelijke cijfers te noteren.

Hierdoor konden de mensen die hun dagelijkse boodschappen deden, zelfs op een afstand de prijzen bekijken en vergelijken. Voor sommige, vooral armere mensen, was dit erg handig. Zo konden ze voorbij de winkel lopen zonder dat het voor anderen duidelijk werd dat ze de aardappelen niet konden betalen.

Winkels op het Kadijksplein, 20 juni 1907

Aanplakbiljetten

13 juni 1907 waren er verkiezingen voor de Provinciale Staten, het bestuur van de provincie. Deze verkiezingen werden aangekondigd door middel van diverse affiches, die de bevolking opriepen om te gaan stemmen en vooral op wie. Ze hingen door de hele stad op peperbussen en aanplaktableaus. Wellicht werd er hier en daar nog een stadsomroeper ingeschakeld om het nieuws te verkondigen. Dit gebeurde echter steeds minder aangezien het analfabetisme in de negentiende eeuw bij de jongeren reeds onder de tien procent gedaald was.

Eerste Jonkerdwarsstraat, 9 juni 1907

Eerste Jan Steenstraat, 22 mei 1912

Telefoon

In de jaren tachtig van de negentiende eeuw werd door De Nederlandsche Bell Telephoon Maatschappij het eerste Nederlandse telefoonnet, met 49 aansluitingen, in Amsterdam aangelegd. Het bedrijf vestigde zich, naar verluidt, op de hoek van de Dam en de Kalverstraat. Later begon de gemeente echter ook zijn eigen telefoonnet, de zogeheten gemeentetelefoon, op te zetten. Al snel breidde dit netwerk zich uit en er verschenen steeds meer telefoonnummers op de diverse reclames en de winkelruiten. De kinderen op de voorgrond van de foto hadden waarschijnlijk thuis nog geen telefoon. Zoals we nu weten hebben deze kinderen op latere leeftijd veel profijt van de telefoon gehad.

Venters in de Houtkopersdwarsstraat, 3 augustus 1908

Schreeuwende straatventers

'Heipalen, mooie bananen, drie voor een duppie!' Zoals de marktkooplui heden ten dagen nog wel eens kunnen schreeuwen om hun waar aan te prijzen, was dit vroeger toevertrouwd aan de straatventers. Je kwam ze overal op straat tegen. 'Moooie komkommers, een halfieejmaar' en 'Aardbeien, mooie rooie aardbeien'. Vaak waren ze niet eens te verstaan, de eigen manier van roepen maakte de kooplui al onderscheidend. Zo probeerden ze elkaar met het geschreeuw en hun aanbiedingen te overtroeven. Soms gebruikten ze ook een bel, fluitje of een ratel.

Muurreclames

Blinde muren werden veel gebruikt als permanente reclameruimte. Overal in de stad, op plekken waar dat maar enigszins mogelijk was, trof je dergelijke communicatie-uitingen aan. Veel gevestigde en grotere bedrijven maakten gebruik van deze reclamemogelijkheid. Grote letters en opvallende kleuren maakten dit medium tot één van de eerste vormen van massacommunicatie. Als er een grote muuroppervlakte was, maar er een raam of een deur in de weg zat, dan vond men vaak zeer creatieve oplossingen. Er werd gewoon om het raam of de deur heen geschilderd.

Muurreclame op de hoek van de Rechtboomsloot met de Geldersekade, 24 juni 1907

Rozenstraat, gezien richting Prinsengracht, 12 juli 1907

Vroom & Dreesmann gaan verbouwen

De zaken liepen blijkbaar uitstekend, want de heren Vroom en Dreesmann besloten om dit filiaal (op de hoek van de Tweede Laurierdwarsstraat en de Rozenstraat) flink te gaan verbouwen. Een grote uitverkoop is natuurlijk een goede trigger om het winkelend publiek te trekken. Dit grote bord voor één van de eerste filialen van Vroom & Dreesmann laat dit vol overtuiging zien. Vroom & Dreesmann waren trouwens niet de enigen die grote uitverkoop hielden. De concurrentie tussen de winkels was niet alleen zakelijk, maar ook communicatief moordend.

Verkeersborden

De inwoners en het bestuur van de stad hadden in het begin van de twintigste eeuw grote moeite met de drukte die ontstond door de opkomst van het vele verkeer. Het werd tijd voor nieuwe regels die ook bekend gemaakt moesten worden. Daartoe werden verkeersborden in de stad geplaatst die bijvoorbeeld de toegang voor rijwielen en motorvoertuigen verboden. De straatventers die hier op de hoek stonden werden er niet op aangesproken dat ze hun handkar met goederen gewoon aan de kant van de weg parkeerden.

Verbodsbord op de hoek Jodenbreestraat en de Markensteeg, 5 juli 1907

Hoofdstuk 7

Sociale omstandigheden

Door de toegenomen welvaart ontstond er steeds meer aandacht voor de sociale omstandigheden van diverse bevolkingsgroepen. Dit was steeds duidelijker in de stad te merken. Zo voerde de overheid de leerplicht in voor kinderen tussen de zes en twaalf jaar. Dit was tegelijkertijd een wapen in de strijd tegen de illegale kinderarbeid.
Door particuliere initiatieven werd er voor betere sociale omstandigheden gestreden. Verenigingen, vaak opgericht vanuit een religieuze achtergrond, kwamen op voor de belangen van 'Jan met de pet'. Mede hierdoor werden de eerste woningbouwverenigingen opgericht. Door nieuwe inzichten en ontwikkelingen in de gezondheidszorg gingen ziekenhuizen hygiënischer werken. Oude en nieuwe gasthuizen verbeterden hierdoor de zorg die zij boden. Door de aantrekkingskracht van de economische welvaart kwamen veel armen van het platteland naar de stad. Het eeuwenoude armenhuis moest hierdoor zelfs uitbreiden. Ook ontstond er meer aandacht voor het welzijn van dieren.

BADHUIS
VRIENDENKRING
VROUWEN
REGENBADEN
2 HANDDOEKEN EN ZEEP
10 cent

Een gasthuis voor allen!

Het Onze Lieve Vrouwe Gasthuis bij het Oosterpark was opgericht vanuit een rooms-katholieke grondslag. Het ziekenhuis was gestart met ruim honderd religieuze zusters die zeven artsen ondersteunden. Iedereen die ziek was kon er, vaak gratis, terecht. De ziekenzalen waren voorzien van tweeëntwintig tot dertig bedden, hierdoor was de privacy van de patiënten ver te zoeken. Voor mensen met een besmettelijke ziekte was een aparte barak ingericht. In 1909 werd speciaal voor betalende zieken het gasthuis uitgebreid met het Mariapaviljoen. Ook was er een kapelletje waar de gelovige gasten konden bidden of een kaarsje konden aansteken. Pas eind jaren tachtig van de vorige eeuw zijn de laatste religieuze medewerkers met pensioen gegaan.

Het gasthuis aan de Eerste Oosterparkstraat, gezien vanuit de Sparrenweg, 29 september 1906

De stadsreiniging aan het werk op de hoek van het Spui en de Nieuwezijds Voorburgwal, 8 augustus 1908

Amsterdamse stadsreiniging

De stad schoonmaken was de taak van de stadsreiniging. De vele straatventers lieten hun afval nog wel eens gewoon op straat liggen en dit verzamelde zich in de goot. Ook paardenstront was iets dat je vaak op straat tegenkwam. Om dit vuil te verwijderen had de reinigingsdienst een kar met daarop het vernuftig systeem dat je op de foto ziet. Een grote watertank, getrokken door een paard, waaruit water spoot. Gezien de beperkte inhoud van de sproeitank moest deze regelmatig worden bijgevuld. Waarschijnlijk stonden deze wagens gestald in het stalgebouw van de stadsreiniging bij de Kostverlorenvaart in Amsterdam-West.

Kinderen

Eind negentiende en begin twintigste eeuw werden er veel meer kinderen geboren dan nu. In die tijd was de kindersterfte nog hoog. De kinderarbeid onder de twaalf jaar was afgeschaft. Hierdoor hadden jonge kinderen tijd over om lekker met hun leeftijdgenoten buiten te spelen of om bijvoorbeeld een bezoek te brengen aan de poppenkast.

Zodra de kinderen twaalf jaar waren, werd er vaak werk voor ze gezocht. Zo maakten ze al vroeg kennis met het harde werkleven in de fabrieken en de bedrijven. Als ze geluk hadden kregen ze een dienst aangeboden bij een buurtwinkel of bij een ambachtsman die hen opleidde.
De gezinnen waar deze kinderen uit voortkwamen waren vaak groot en de sociale levensomstandigheden waren meestal slecht.

Kinderen in het Sarphatipark bij de hoek Tweede Jan van der Heijdenstraat, juni 1909

Hekelveld, 4 augustus 1909

Woonomstandigheden

De vele nieuwkomers in de stad moesten gehuisvest worden. Het waren er echter zo veel dat er nauwelijks genoeg woonruimte voorhanden was. Hierdoor leefden veel gezinnen, met veel kinderen en andere familieleden, onder erbarmelijke omstandigheden in heel kleine, donkere en vochtige ruimtes. Vaak waren deze ruimtes weggestopt in smalle, smerige steegjes die muf roken, wat ook nog insecten aantrok. Wel kwam hier geleidelijk aan verbetering in. Begin twintigste eeuw werd er een woningwet ingevoerd, maar het resultaat van deze wet was nog niet overal zichtbaar.
De dames op de foto hadden nog het geluk dat ze niet in een steegje, maar op het Hekelveld woonden.

Patrimonium

Steeds meer werknemers gingen zich verenigen. Hierdoor kregen de werkgevers langzamerhand minder invloed op hun werknemers.
Het Nederlandsch Werkliedenverbond Patrimonium was zo'n vereniging die werd gesticht door christelijke arbeiders. De oprichters van deze vereniging verzetten zich onder andere tegen het werken op de heilige zondag. Al snel kreeg de vereniging een sociaal gezicht en werden er geestelijke, culturele en sociale activiteiten georganiseerd. Zo begon zij zich bezig te houden met sporten, jeugdactiviteiten (zoals scholing) en werd er een bibliotheek opgericht. Later bouwde ze zelfs bejaardentehuizen en sociale woningen.

Pand van Patrimonium aan de Nieuwe Herengracht, 18 november 1909

Begrafenisstoet op de Haarlemmerweg op weg naar begraafplaats Vredenhof, 26 september 1907

Begrafenis

Deze mooie, zonnige donderdag blijkt toch voor een aantal mensen een trieste dag te zijn geweest. Hier zie je de laatste gang van drie overledenen op weg naar de begraafplaats Vredenhof. De rouwstoet bestond uit ten minste drie rijk versierde rouwkoetsen, de uitvaartbegeleider, de dragers en het rouwende publiek. De overledenen moeten, gezien het gebruik van deze koetsen, vooraanstaande personen zijn geweest. Waarschijnlijk allemaal uit één familie. Voor veel Amsterdammers was het een nieuw fenomeen dat overledenen in een koets werden vervoerd. Eeuwenlang was het gebruikelijk dat de doodskisten door dragers werden gedragen. Er werd verteld dat ze dit deftig vonden, maar de werkelijke reden was dat veel Amsterdamse bruggen zo steil waren dat een doodskist gemakkelijk uit een koets zou kunnen glijden. Dat wou je als nabestaande toch niet meemaken?

Karrenhonden

Het gebruik van honden als trekdier was in Amsterdam verboden. Deze gemeentelijke beslissing werd landelijk nog niet gevolgd. Hierdoor maakten kleine middenstanders, die direct buiten de stad gevestigd waren, nog veelvuldig gebruik van deze honden. Ze werden niet alleen ingezet voor het trekken van karren, maar ook ploegen en zelfs trekschuiten werden door de honden getrokken. In tegenstelling tot het dure paard was de hond relatief goedkoop. Hij at niet zo veel en had aan een kleine slaapruimte voldoende. Een simpele aai over de kop van de hond was vaak al voldoende om hem wat aandacht te geven. In 1910 kregen deze honden het een beetje beter door de invoering van een nationale wet met diverse bepalingen hoe de honden behandeld moesten worden.

Hondenkar langs het Noordhollands Kanaal, 19 september 1907

Voorzijde van het Volksbadhuis op het Jonas Daniël Meijerplein, ca. 1910

Volksbadhuis Handwerkers Vriendenkring

De Handwerkers Vriendenkring zette zich in voor de verbetering van arbeidsomstandigheden van de joodse diamantarbeiders zonder dat zij zich met politiek bezig wilde houden. Dit badhuis staat dan ook niet toevallig op het plein bij de Portugees-Israëlitische synagoge. Regenbaden met gebruik van twee handdoeken en zeep werden voor de schappelijke prijs van tien cent aangeboden. Hier konden de arme mannen en vrouwen, die meestal klein behuisd waren, zich eens flink wassen en reinigen. Buiten dit badhuis had deze sociale vriendenkring onder andere ook een volksgaarkeuken en een ziekenfonds opgericht.

Armenhuis

Net zoals in iedere stad waren er in Amsterdam armlastige mensen. Om een helpende hand te reiken was er al eeuwenlang de armenzorg. Er bestond een aalmoespot die gevuld werd vanuit de kerken en de gemeente.
Hierdoor was het mogelijk zelfstandig wonende armen te ondersteunen en kon er gezorgd worden voor iedereen die arm was en verpleegd moest worden. Door de grote toestroom van nieuwe, vooral arme bewoners was het erg druk in het huis. Zelfs zo druk dat er een houten noodgebouw aan het huis werd bijgebouwd om deze armen adequaat te helpen. Het gebouw oogde aan de buitenzijde lelijk, maar binnen waren de muren voorzien van mooie wandschilderingen en de grote binnenplaats gaf even rust aan een ieder die hier vertoefde.

Armenhuis aan het Waterlooplein, 8 juni 1909

'Het Rottenest' aan de Oudezijds Achterburgwal, 9 juni 1907

Venetië van het noorden

Amsterdam had vroeger veel meer grachten dan nu. Bovenstaand plaatje geeft een aardige indruk van de oorspronkelijk waterrijke binnenstad, zoals het was voor de demping van menige gracht in de negentiende eeuw. Karakteristiek zijn hier de achterzijden van de huizen die direct uit het water rijzen. Vaak werden deze achterzijden gebruikt voor de aanvoer van primaire levensbehoeften. De bootjes konden er gemakkelijk aanleggen. Hierdoor speelde het dagelijkse leven zich deels op het water af.
Door deze stadsgezichten wordt Amsterdam ook wel het 'Venetië van het noorden' genoemd.

Beroepsonderwijs

''t Zijn rappe, vlugge gasten die het opleidingsschip Zeehond aflevert' werd er op de grote schepen tevreden verteld. Het schip 'De Zeehond' werd in het Oosterdok gebruikt door het 'Matrozeninstituut tot Lagere Zeevaartschool'. Het schip was oorspronkelijk gebouwd als oorlogsschip maar voor het gebruik als opleidingsschip waren de stukken geschut verwijderd. Jonge jongens leerden aan boord van het schip het vak van matroos. Ze kregen beknopte informatie over de vaderlandse geschiedenis. Ze leerden gebruik te maken van maten, gewichten en munten. En er werd aandacht besteed aan hygiëne en tucht. Het doen van de was behoorde ook tot de opleiding, de schone was werd aan de fokkenmast te drogen gehangen. Het was zelfs een belangrijk onderdeel van de beroepsopleiding tot matroos.

Opleidingsschip 'Zeehond' aan de Oosterdokskade, 27 maart 1907

Binnengasthuis aan de Grimburgwal, heden Oudezijds Achterburgwal, 26 juli 1907

Binnengasthuis

Het Binnengasthuis (voorheen Sint-Pietersgasthuis) oogt idyllisch op deze mooie warme dag in juli. Rustig staat hier een man tegen de reling van de gracht te leunen.

In dit gasthuis is ooit de gemeentelijke universiteit ontstaan. Dit gebeurde nadat er eerst was afgerekend met het onhygiënische verleden dat zich hier binnen de muren had afgespeeld. Het gasthuis ving vooral de armere Amsterdammers op, waardoor de patiëntenzorg hier op een zeer laag pitje stond en veel zieken gingen er dood. Ongeschoolde knechten en meiden hadden de verzorging in handen. Om deze reden bleven de rijken hier weg, zij prefereerden een eigen verpleger aan huis. Met de komst van wetenschappers, onderzoekers en eminente clinici verbeterde de kwaliteit van dit ziekenhuis.

Hutten Volendamse palingleurders

Aan de overkant van het IJ, langs de Westelijke Kanaaldijk, stond een aantal hutjes die als overnachtingsplek werden gebruikt door Volendamse palingleurders. Dit waren over het algemeen ouderen of invaliden die door de verkoop van paling nog een goede stuiver wisten te verdienen. De mannen verbleven de hele week in deze hutjes, er paste net een bed in dus groot waren de hutjes niet. Een kleine kachel gaf in de winter wat warmte. Begin twintigste eeuw maakte een nieuwe spoorlijn treinverkeer tussen Volendam en Amsterdam mogelijk waardoor de hutjes overbodig werden. Toch werden ze pas in 1918 gesloopt.

Hutjes aan de Laanweg, 18 september 1907

Boumanschool aan de Rustenburgerstraat, 29 september 1906

Lagere school

Door de invoering van de leerplichtwet in 1901 voor kinderen van zes tot twaalf jaar was er grote behoefte aan nieuwe scholen en leraren. Er werden openbare scholen opgericht, zoals hier in de pas gebouwde Pijp waar de Boumanschool de buurtkinderen les gaf. Met de invoering van de leerplichtwet kon tegelijkertijd de controle op illegale kinderarbeid verbeterd worden, aangezien de leraren toezicht hielden of de kinderen ook daadwerkelijk in de klas verschenen. Op deze wijze trachtte de overheid de kinderen een betere toekomst te bieden en sociale problemen als armoede te voorkomen.

Hoofdstuk 8

Vrije tijd en cultuur

Er ontstond steeds meer vrije tijd voor de inwoners van de stad en dit werd zichtbaar in het Amsterdamse straatbeeld. Dat was een eeuw geleden voor veel mensen nog wel even wennen. Zo waren er de volksfeesten, zoals Koninginnedag en het feest ter ere van het feit dat Hudson driehonderd jaar eerder Manhattan had ontdekt.
Er ontstonden nieuwe initiatieven, zoals de oprichting van sportverenigingen voor de wat armere stadsgenoten. Ook de oprichting van de padvinderij werd een feit.
Er kwam tijd vrij voor uitstapjes in en buiten de stad: een dagje Artis of een uitstapje naar Nieuwendam. Mensen hadden tijd om naar het toneel of de opera te gaan, bij voorkeur in het Paleis voor Volksvlijt. Kinderen speelden meer op straat dan voorheen, je zag ze door de hele stad ravotten of vissen in de Amstel.
En natuurlijk waren er de uitspanningen, net buiten de stad, waar je naartoe kon om te feesten en een glaasje te drinken.

Replica van het VOC-schip 'De Halve Maen' op het IJ, ca. juni/juli 1909

Halve Maen

Driehonderd jaar voordat deze foto is genomen, ontdekte Henry Hudson met het VOC-schip 'De Halve Maen' 'Manhattan'. Reden voor Amsterdam om een groot feest voor al zijn inwoners te organiseren. Er was opdracht gegeven om een replica op ware grootte van het schip na te bouwen. Deze kopie is door de scheepsbouwer De Vries Lentschop in Nieuwendam gebouwd en werd het IJ overgetrokken naar de Amsterdamse Amstel, waar het grote Amsterdamse feest plaatsvond.
Ook in New York was het groot feest toen deze replica als Amsterdams geschenk daar aankwam. De hele stad was verlicht en er werd een grote optocht gehouden. Het schip heeft in de New Yorkse wateren nog rondgevaren tot het afbrandde in de jaren dertig van de vorige eeuw.

Toerisme

Dat Amsterdam een bijzondere stad was, daar waren de meeste Amsterdammers zich niet zo van bewust. De inwoners verwonderden zich erover dat er steeds meer buitenlandse mensen in groepjes door de stad trokken. Een nieuwe industrie was geboren: het toerisme. Door de uitbreiding van het spoorwegnet werd het steeds makkelijker voor Duitsers, Engelsen en Fransen om Amsterdam te bereiken en er hun vrije tijd door te brengen. John Mason Cook opende op het Damrak een filiaal van zijn 'Thomas Cook and Son'-reisbureau. Vanuit dit gebouw gingen onderhoudende gidsen met de toeristen de stad in. Alles wat karakteristiek en zeldzaam was aan de stad werd bezocht. Het hoogtepunt was het Rijksmuseum waar de bijzondere kunstverzamelingen tentoongesteld werden. Bewonderend keken de toeristen naar de werken van Rembrandt en naar zijn 'Nachtwacht' in het bijzonder. Verder werd het Paleis op de Dam bezocht en wandelden de toeristen graag langs de karakteristieke Amsterdamse grachten.

Reisbureau 'Thomas Cook and Son' aan het Damrak, 16 november 1909

Terras in de Beursstraat, 31 augustus 1908

Terrasje pakken

Als het mooi weer was waren de meeste Amsterdammers die dat konden betalen, er wel voor te porren om zich gezellig op een terrasje te vermaken.
In de Beursstraat was het tijdens deze zonnige Koninginnedag behoorlijk druk op het terras. Het straatje ligt aan het Beursplein en loopt verder langs de zijkant van de Beurs van Berlage. In de nazomerzon vermaakte menigeen zich, samen met vrienden en familie, op dit terras. Normaal gesproken zaten hier de beurshandelaren na hun werkzaamheden nog even na te praten of met een relatie in een ongedwongen sfeer te dineren.

Circus Hagenbeck

Het moet een bezienswaardigheid zijn geweest als 'Circus Hagenbeck' per trein vanuit Hamburg aankwam in de stad. Het hele circus arriveerde op het Weesperpoortstation en maakte zijn tocht door de stad naar zijn vaste plek aan de Admiraal de Ruyterweg. Een prachtige parade met onder andere wilde dieren, zoals de imposante olifanten. Een betere reclame dan dat was er niet voor het circus, iedereen had het erover. 'Heb je de circusparade gezien?' werd er overal gevraagd. Zowel de jonge als de wat oudere bezoekers van het circus genoten van boeiende voorstellingen en werden geamuseerd door de clowns en de trapezewerkers.

Circusterrein aan de Admiraal de Ruyterweg, 13 juni 1913

Carrousel Museumplein, 31 augustus 1912

Carrousel

Het carrousel met zijn houten paarden en gondels had veel bekijks en iedereen wilde een plaatsje veroveren op deze met vrolijke kleuren beschilderde attractie. De kinderen kregen op Koninginnedag meer centjes van hun ouders dan normaal het geval zou zijn en ze wilden maar wat graag zo veel mogelijk rondjes draaien op het carrousel. Het was dan ook een drukte van belang. Niet alleen het carrousel was te vinden op het terrein van de Amsterdamse IJsclub, maar er was ook een circus, er waren diverse voorstellingen en er werd vrolijk gedanst!

IJsclubterrein

Het huidige Museumplein was ooit in gebruik als het terrein van de Amsterdamse IJsclub. Via het clubhuis, dat recht tegenover het Concertgebouw stond, kreeg men toegang tot het terrein. Op het terrein werden buiten het schaatsseizoen ook allerlei manifestaties en evenementen gehouden, zoals paardenrennen en cricket. Er stonden tribunes op het terrein die via de verschillende ingangen bereikt konden worden. Zo konden de bezoekers rustig naar de spelen op het veld kijken.
De toegang was niet gratis. Om op het gereserveerde terrein te komen werd vijftig cent gevraagd en voor kinderen de helft. Politieagenten hielden in de gaten of er geen mensen doorheen glipten.

Toegang tot het gebouw van de Amsterdamse IJsclub aan de Van Baerlestraat, 31 augustus 1907

Apenkooi in Artis, 21 september 1912

Aapjes kijken in Artis

Rond 1900 werd Artis voor iedereen toegankelijk. Voor die tijd was de toegang alleen voor de gegoede burgerij mogelijk. Als je naar Artis ging was het natuurlijk wel de bedoeling dat je op je paasbest voor de dag kwam. Je had je netjes te gedragen als je naar de aapjes aan het kijken was. De mensen vonden al die dieren bijzonder, omdat ze veel soorten voor het eerst zagen. En voor mensen die nog interesse hadden in onder andere opgezette dieren, skeletten en fossielen was er in Artis een museum opgericht. Ook waren er diverse gebouwen waar paleontologische, mineralogische en geologische objecten waren te bezichtigen.

Paleis voor Volksvlijt

Het Paleis voor Volksvlijt op het Frederiksplein was een opvallend gebouw. Het 64 meter hoge gebouw was uit gietijzer en glas vervaardigd. Het was zo mooi gebouwd dat het zelfs in het buitenland bekend was. Voor het gebouw stond een enorme fontein die werd aangezet zodra er een tentoonstelling was. Het gebouw stond bekend als het paleis voor het volk en was het centrum van het Amsterdams amusementsleven. De mensen luisterden hier naar concerten en opera's en keken naar spannende toneelstukken. Daarnaast vonden er exposities en tentoonstellingen plaats. In 1929 is het Paleis voor Volksvlijt door een spectaculaire brand grotendeels verwoest. Enkel een zijgalerij heeft nog een tijd op zijn plek gestaan.

Paleis voor Volksvlijt op het Frederiksplein, 6 oktober 1906

Padvinders op het IJsclubterrein, 31 augustus 1912

Padvinders

De padvinderij stond rond 1912 nog in zijn kinderschoenen. Dit groepje, dat uit acht padvinders bestond, stond ter promotie van hun vereniging op Koninginnedag op het IJsclubterrein. Het jongetje in het matrozenpakje was lid van de zeeverkenners, een apart en pas opgericht onderdeel van de vereniging. De padvinders waren tussen de tien en zeventien jaar en hadden een korte broek, stevige schoenen en kniekousen aan. De padvinders gingen onder meer langs de deur om klusjes te doen onder de term ‘een heitje voor een karweitje’. Op deze wijze konden ze wat geld verdienen wat de vereniging ten goede kwam.

Uitspanning Halfweg 't Kalfje

Pleziervaart, vertrek elk half uur. Eerste kajuit, zeven en een halve cent, tweede kajuit vijf cent, prijkt op dit bord bij uitspanning Halfweg 't Kalfje. De uitspanning lag op de oude grens tussen Amsterdam en de gemeente Nieuwer-Amstel. Hier kwam het publiek zich op de schaarse vrije dagen vermaken. De beschreven schenkvergunning is afgegeven in 1887. Vanaf deze steiger was het ook mogelijk om met een boot naar de andere zijde van de Amstel over te steken. De vissende jongeman op de aanlegsteiger zal menigeen langs hebben zien komen. In 1912 is deze uitspanning geruimd.

'Halfweg 't Kalfje' aan de Amsteldijk, ca. 1910

Schaatsers op de Boerenwetering, 7 februari 1907

Schaatspret

Het had al een paar dagen flink gevroren voor deze 7e februari. De hoogste tijd om je Friese doorlopers uit het vet te halen of door een scharensliep te laten slijpen voor een schaatstocht over de Boerenwetering of de Ringvaart. Lange rijen mensen schaatsten door het landschap over het dichtgevroren water om te genieten van de winterse kou. Op gelijke afstand waren op provisorische wijze schuilhokjes gemaakt waar mensen even konden rusten en zich wat konden warmen. In sommige hokjes werd koek en zopie verkocht. Op de achtergrond rijst de grote stad op uit het brede landschap.

Vissende jongens

Deze jongens hielden langs de kade van de Weesperzijde een viswedstrijd. Op een soort houten vlot probeerden ze hun evenwicht te bewaren terwijl ze het aas aan hun hengel deden. Hoe de boomstammen hier terecht zijn gekomen is een raadsel. Ze waren met latjes op een simpele wijze aan elkaar getimmerd. De Amstel was voor deze vissers in spe een populaire vissersplek, want hier werden voorntjes en soms zelfs een baars gevangen. In de verte zie je de watertoren van Nieuwer-Amstel aan de Amsteldijk.

Vissende jongens aan de Weesperzijde, 27 juni 1908

Spelende kinderen op de Martelaarsgracht, 15 augustus 1908

Spelende kinderen

Kinderen hadden onder meer in de schoolpauze tijd om te spelen. Je kwam ze dan ook overal op straat tegen terwijl ze aan het dansen of aan het spelen waren met een hoelahoep. Natuurlijk behoorden ook het touwtjespringen en verstoppertje spelen tot hun favoriete bezigheden. Je kon makkelijk aan de kleding van de kinderen zien of ze van goede komaf of van een wat mindere afkomst waren. De armere kinderen liepen soms in vodden rond. Toch hadden ze één ding gemeen, ze hielden allemaal van spelen.

Door Wilskracht Verkregen

Wat een feest, blijkbaar heeft D.W.V. de afgelopen wedstrijd gewonnen. Fans en toeschouwers zijn het veld opgegaan om samen met de spelers deze overwinning te vieren. De vreugde was zo groot dat zelfs de doelpaal werd beklommen. Twee jaar eerder was er een voorzichtige start met deze club gemaakt door een aantal Nieuwendamse jongeren, die de 'Nieuwendammer Voetbalclub' hadden opgericht. Toen de scheepsbouwer De Vries Lentschoten een veld had verhuurd aan de club wijzigden de leden de naam van de club in D.W.V. (Door Wilskracht Verkregen). Eerst voetbalde de club tegen iedereen die zich maar als tegenstander aanbood. Later werd D.W.V. kritischer in de keuze van zijn tegenstanders. In de competitie van 1913-1914 werd de club kampioen.

Achtertuin van uitspanning 'Hoek' aan de Nieuwendammerdijk, 6 juli 1912

Gebouw van de roei- en zeilvereniging 'De Hoop' bij de Amstel, 8 juni 1908

Roei- en zeilverenigingen

In de Amstel, dicht bij de rand van de stad, lagen verschillende boothuizen van roei- en zeilverenigingen zoals De Hoop en Poseidon. De Hoop, verreweg de oudste roeivereniging van Amsterdam, vierde met een feestelijke botenoptocht zijn zestigjarig bestaan. Poseidon daarentegen was recent in 1907 opgericht en had zijn boothuis in eerste instantie aan de Weespertrekvaart bij de Omval. De aanleiding tot het oprichten van Poseidon was dat de bestaande verenigingen diverse bevolkingsgroepen op basis van ras, godsdienst of geslacht van deelname van hun vereniging uitsloten. Het is dan ook niet verwonderlijk dat deze nieuwe vereniging veel joden onder de leden telde.

Uitstapje naar Nieuwendam

Deze man loopt rustig over het sluisje op de Nieuwendammerdijk. Zo'n bezoek aan Nieuwendam was aan het begin van de twintigste eeuw een goedkoop en populair uitstapje. Veel bezoekers kwamen hier met de stoombootdienst vanaf de Amsterdamse IJkade naar de haven van Nieuwendam.
Het leuke is, dat Nieuwendam heden ten dage nog bijna onveranderd is en je hier nu nog steeds kunt rondwandelen, net als een eeuw geleden. A10, afslag S115 Nieuwendam!

Nieuwendammerdijk bij de sluis, 11 september 1907

Hoofdstuk 9

Amsterdam en de Oranjes

De koningin en haar prins-gemaal kwamen niet vaak in Amsterdam, de honderdjarige hoofdstad. Maar als het koninklijk paar er was, was dit in het straatbeeld duidelijk aan de stadsversieringen te zien. De Oranjes waren populair onder het gewone volk. In 1901 trouwde koningin Wilhelmina met prins Hendrik in de Nieuwe Kerk op de Dam. Na een aantal miskramen werd prinses Juliana geboren en dit was natuurlijk aanleiding voor een nationaal feest. Het één jaar oude prinsesje bracht in 1910 een bezoek aan de stad die uitbundig feestelijk werd versierd.

Koninklijk paar in Amsterdam

Koningin Wilhelmina en haar gemaal prins Hendrik rijden samen in de koninklijke koets door Amsterdam. De bewoners keken verbaasd op van deze onverwachte confrontatie. Het kwam immers ook niet zo vaak voor dat het koninklijk paar in Amsterdam was. In 1908 waren koningin Wilhelmina en prins Hendrik een aantal dagen in de hoofdstad op bezoek. Een paar dagen voordat deze foto is gemaakt, werd het koningspaar op het balkon van het Koninklijk Paleis op de Dam door een grote enthousiaste menigte toegejuicht. Koningin Wilhelmina was achttien jaar eerder in de Nieuwe Kerk, die ook op de Dam staat, ingehuldigd en nam toen het stokje over van haar moeder, koningin-regentes Emma. Koningin Wilhelmina en prins Hendrik trouwden op 7 februari 1901.

Koninklijke koets op het Kadijksplein, 27 april 1908

Feest op het IJsclubterrein, 31 augustus 1907

Koninginnedag

Toen Wilhelmina nog een klein prinsesje was werd Prinsessedag ingevoerd. Oorspronkelijk verving Prinsessedag de traditionele oogstfeesten, die rond dezelfde tijd werden gehouden. Nadat Willem III was overleden ging als vanzelfsprekend deze dag Koninginnedag heten. De mensen trokken op Koninginnedag massaal de stad in en kwamen vaak terecht op het IJsclubterrein, het tegenwoordige Museumplein, waar diverse manifestaties werden gehouden. Er werd een grote luchtballon opgelaten en er werd gedanst. Dit was ook de ideale plek om reclame te maken voor bijvoorbeeld verenigingen. De mannen droegen heel feestelijk leuke platte hoedjes, in plaats van de normale bolhoed.

Vlaggen ter ere van de geboorte van prinses Juliana

Op 30 april 1909 werd prinses Juliana geboren, tot grote opluchting van het koninklijk paar en de Nederlandse bevolking. Lange tijd hadden koningin Wilhelmina en prins Hendrik getracht voor een troonopvolger te zorgen en na een aantal miskramen was het nu zover. Tijd voor een eenmalig groot nationaal feest! Ter voorbereiding van dit feest worden diverse schitterende versieringen in het Amsterdamse straatbeeld aangebracht. Twee mannen voeren op twee ladders een ingewikkelde acrobatiek uit om versieringen aan te brengen aan de gevel van sigarenwinkel Weinthal. Gezien het wapen op het reclamebord is Weinthal ook nog eens hofleverancier.

Versieringen aanbrengen op de hoek van het Spui en de Kalverstraat, 5 mei 1909

Julianafontein op de Dam, 26 mei 1910

Julianafontein

Aan de noordoostzijde van de Dam werd voor het kleine prinsesje Juliana een heuse fontein aangelegd. Eind mei 1910 spoot uit deze fontein een enorme hoeveelheid water. Het water kwam uit de bek van een leeuw en vanuit drie terrassen spoten er nog eens vijftien spectaculaire fonteinen omhoog. De bevolking was maar wat benieuwd naar deze fontein en het was dan ook een drukte van jewelste toen uiteindelijk het koninklijk defilé met het prinsesje langs deze spuitende fontein kwam.

Koninklijke cavalerie

Hoewel koningin Wilhelmina de beveiligingstaak van het koningshuis had toegewezen aan de marechaussee werd een officieel koninklijk bezoek begeleid door de cavalerie. Trots reed dit imposante militair onderdeel per paard Amsterdam in nadat ze per trein op het Centraal Station waren aangekomen. Deze speciaal opgerichte eenheid was altijd in de buurt van het koningspaar tijdens hun officiële verplaatsingen.

Cavalerie op het Stationsplein met het Centraal Station op de achtergrond, 21 april 1908

Wachtende mensen bij de Kweekschool Stuurlieden aan het Kadijksplein, 27 april 1908

Amsterdam honderd jaar hoofdstad

Op 20 april 1908 was het honderd jaar geleden dat Lodewijk Napoleon, de broer van Napoleon Bonaparte, als koning van Holland het stadhuis op de Dam betrok. Destijds werd Amsterdam de derde hoofdstad van het Franse rijk. Honderd jaar later werd dit niet herdacht. Koningin Wilhelmina en haar prins-gemaal Hendrik verbleven echter wel omstreeks deze tijd in de hoofdstad. De stad was versierd en de winkels waren 's avonds feestelijk verlicht. Drommen mensen stonden langs de kant te wachten op de koninklijke koets die langs zou komen.

Geraadpleegde literatuur

Paul Brood en Karijn Delen (samenstelling en redactie): *Het Vaderlandse Geschiedenisboek*. (Uitgeverij Waanders, Zwolle, 2003)
Div.: *Tijdschrift Ons Amsterdam*. (Montet Informatiegroep, diverse jaargangen)
Geert Mak: *Een kleine geschiedenis van Amsterdam*. (Uitgeverij Atlas, Amsterdam/Antwerpen, 1994)
Geschiedenis van Amsterdam. Tweestrijd om de hoofdstad 1900-2000. (SUN, Amsterdam, 2007)
L.W.R. Wenckebach: *Oud Amsterdam. 100 Stadsgezichten*. (Het nieuws van den dag, Amsterdam, 1907)
Dra. M.G. Schenk en J.B.TH. Spaan: *Amsterdamsche Getijden*. (Van Holkema & Warendorf, 1938)

De volgende websites bevatten een schat aan informatie:

www.nationaalarchief.nl
www.stadsarchief.amsterdam.nl
www.jhm.nl
geschiedenis.vpro.nl
www.inghist.nl
www.bma.amsterdam.nl
www.nostalgienet.nl

Fotoverantwoording

Alle afgebeelde foto's in dit boek maken deel uit van de Fotocollectie J.L. Scherpenisse.

Colofon

© Uitgeverij Terra Lannoo B.V.
postbus 614, 6800 AP Arnhem
info@terralannoo.nl
www.terralannoo.nl
Uitgeverij Terra maakt deel uit van de Lannoo-groep, België
Fotografie © J.L. Scherpenisse
www.studiops.nl/beeldbank.html

Samenstelling en tekst: Peter Scherpenisse, Bureau Scherpenisse, Amsterdam
Omslagontwerp: De Weijer Design, Baarn
Omslagfoto: J.L. Scherpenisse
Vormgeving en lithografie: Repro Design, Zutphen
Druk- en bindwerk: Vivapress, Barcelona (S)

ISBN 978-90-5897-859-2
NUR 693

In deze serie verschenen tevens:

Het vergeten landleven
Ingeborg Wind
ISBN 978 90 5897 573 7

Het vergeten leven rond de Zuiderzee
Ingeborg Wind
ISBN 978 90 5897 829 5

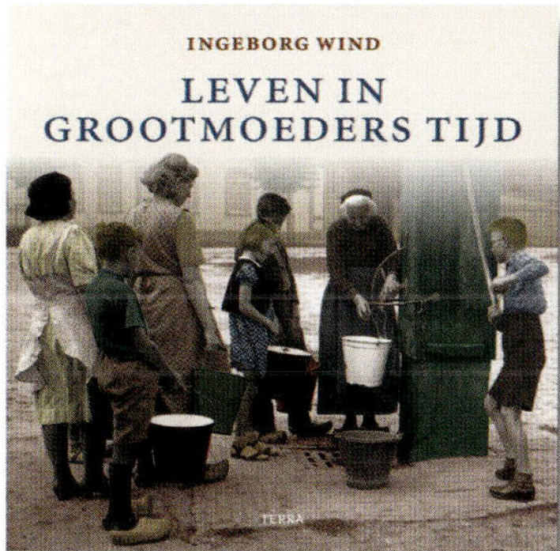

Leven in grootmoeders tijd
Ingeborg Wind
ISBN 978 90 5897 626 0

Indië in vervlogen tijden
Louis Zweers
ISBN 978 90 5897 847 9

Stadsleven in grootmoeders tijd
Ingeborg Wind
ISBN 978 90 5897 737 3

Het dagelijks leven in de jaren '50
Gerjan Heij
ISBN 978 90 5897 885 1

Werken met zorg
Ingeborg Wind
ISBN 978 90 5897 778 6

De verdwenen Limburgse mijnen
Ingeborg Wind
ISBN 978 90 5897 906 3

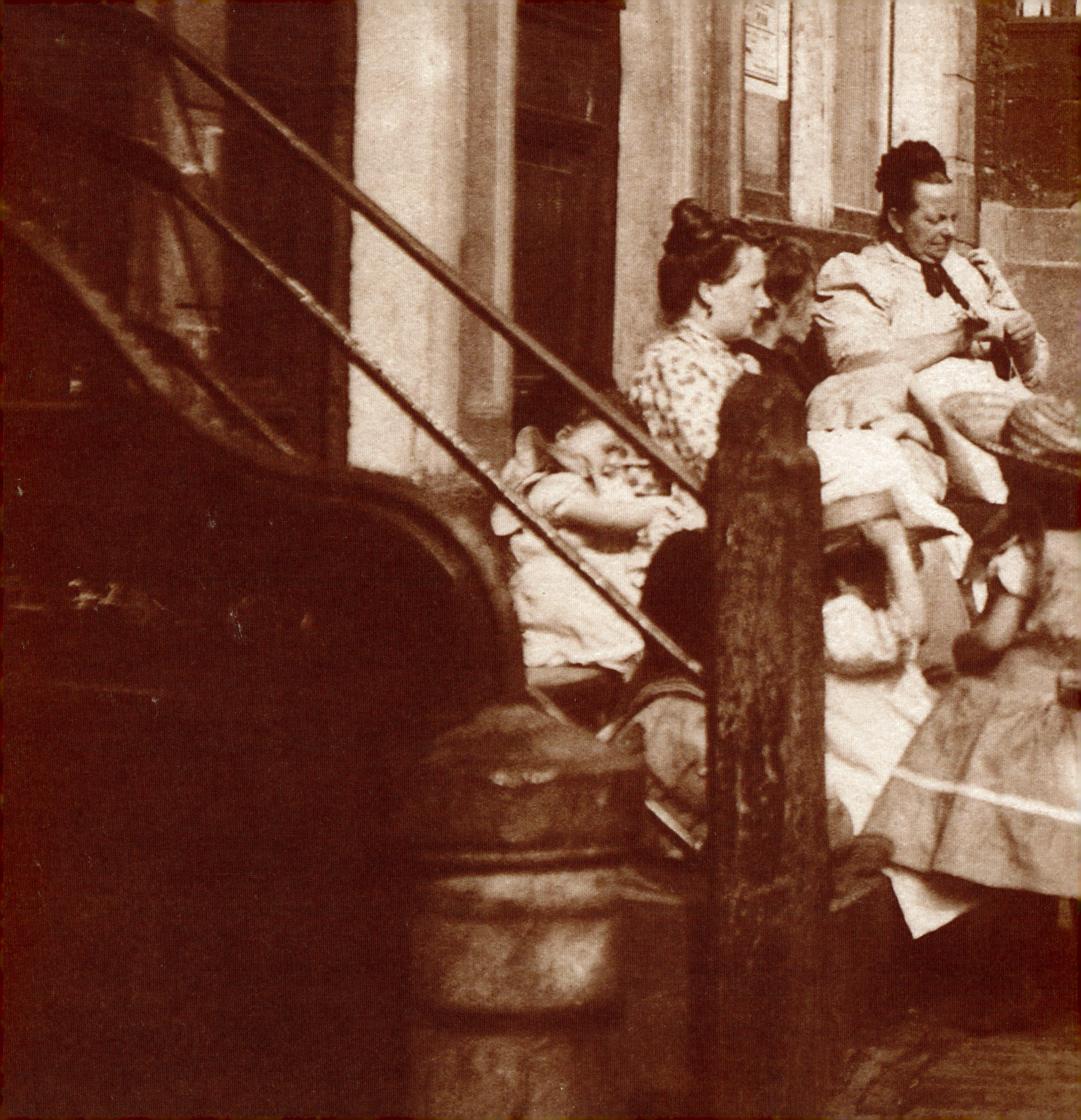